股市掘金

大众消费板块股票投资指南

股震子◎编著

中国宇航出版社

·北京·

图书在版编目（CIP）数据

股市掘金. 大众消费板块股票投资指南 / 股震子编著. -- 北京 : 中国宇航出版社, 2020.1（2022.6重印）
ISBN 978-7-5159-1750-4

Ⅰ. ①股… Ⅱ. ①股… Ⅲ. ①股票投资－指南 Ⅳ. ①F830.91-62

中国版本图书馆CIP数据核字(2019)第301762号

策划编辑 田芳卿
责任编辑 白希国　　**装帧设计** 宇星文化

出版发行 **中国宇航出版社**
社　址 北京市阜成路8号　　**邮　编** 100830
(010)60286808　　(010)68768548
网　址 www.caphbook.com
经　销 新华书店
发行部 (010)60286888　　(010)68371900
(010)60286887　　(010)60286804(传真)
零售店 读者服务部
(010)68371105
承　印 三河市君旺印务有限公司
版　次 2020年1月第1版　　2022年6月第3次印刷
规　格 710×1000　　**开　本** 1/16
印　张 13　　**字　数** 186千字
书　号 ISBN 978-7-5159-1750-4
定　价 39.00元

本书如有印装质量问题，可与发行部联系调换

挖掘大众消费板块中的金矿
（代序）

股票价值与投资价值不同。很多绩优股都是有价值的，但若股票价格远远高于实际的内在价值，就不具有投资价值了。换句话说，投资价值是相对股票价格而言的，即股票价格出现低估时进场买入，股票价格高于内在价值时择机减仓。当然，这是从价值投资角度来说的。在市场上，游资或者短线资金更偏向于具有热门概念的股票，其中有些股票不仅没有投资价值，可能连基本的内在价值都缺乏。站在短线投机的立场，追涨这类股票没有问题，但若想长线持股，则必须从股票的内在价值出发，寻找那些具有长线投资价值的股票，这才是股票投资真正的王道。

投资者要在极具潜力的行业中选择具备较强竞争优势，并在可以预见的未来能够持续保持优势地位的企业，同时以尽可能便宜的价格买入该企业的股票，这是选择股票的基本逻辑。大众消费板块就是这类极具潜力的股票的汇聚之所。

在大众消费板块中，往往是品牌和终端为王。一个率先占据消费者心智资源的品牌，会比其他品牌更容易赢得市场。大众消费行业中同类产品极多，在品牌优势并不凸显时，谁能占据更好的终端渠道，谁就更容易赢得市场。从这一点来看，一些地方性品牌在所属区域内获得较佳的销售业绩也就不足为奇了。当然，投资者必须关注那些在全国市场建立强大终端渠道的企业，只有这类企业才能在未来的竞争中赢得市场。

本书所讲的大众消费板块的重点方向，应是那些未来出现长线上涨牛股概率很高的行业，但并不限于给出的示例股票。任何人都难以保证在接下来的若干年内，这些上市公司仍能保持现在的强劲竞争力。不过，相比其他公司，这些公司更有可能暂时处于相对优势地位。投资者要特别关注品牌优势，在消费品行业，品牌形成的优势十分显著。

即使投资者选到绩优股，也并不意味着无论何时买入都会盈利。投资者可以按照书中给出的估值方法，结合整个市场的行情对股票价格做出大致的预判。其实，对于想要长期持有这些股票的投资者而言，最好的买入机会往往在熊市的时候。也就是说，在股价已经大幅走低时，逐步建仓这些股票并长期持有，这是一种较佳的选择。

由于篇幅和笔者精力有限，不可能对整个板块中的个股一一做出分析，只能选取几只有代表性的股票进行研究。所选股票不一定是所属板块中最佳的投资标的，仅供投资者研究使用，不能简单地看作投资建议。

目　录 CONTENTS

第一章

大众消费股票，白马股集中营

大众消费行业是一个白马股频出的行业。在这一行业中，孕育了中国股市过去30年间绝大多数的白马股，有很多是大家耳熟能详的，诸如贵州茅台、五粮液、格力电器、伊利股份、苏泊尔等。正因如此，很多基金都将大众消费行业中的龙头股作为压舱石。特别是在大盘指数横向震荡或下跌初期，大众消费类股票往往会表现得非常坚挺。

大众消费行业股票的强势，通过对比该行业内的基金走势与上证指数走势就能看出。下面以易方达消费行业股票基金为例进行分析。

先回顾一下过去3年股市的走势情况。2016年9月14日，上证指数收盘为3 023点，3年之后的2019年9月20日，上证指数收盘于3 006.45点。也就是说，在过去的3年里，上证指数几乎在原地踏步。

图1-1展示的是易方达消费行业股票基金和上证指数走势对比情况。从图中可以看出，从2016年9月到2019年9月，上证指数一直处于横向调整过程中，在过去的3年里，指数并未出现任何涨幅。反观消费行业股票基金的走势可以发现，在过去3年中，该类股票基金的涨幅达到120%，这是一个非常可观的数字。由此可见大众消费类股票走势之强。

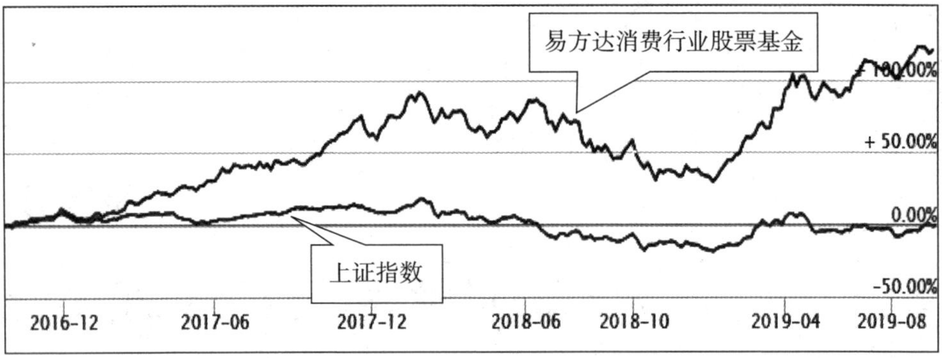

图 1-1　易方达消费行业股票基金与上证指数走势对比

第一节　大众消费行业，没有人能离开的行业

大众消费行业是一个人人都离不开的行业。众所周知，消费品是指消费者购买并最终用于个人消费的产品。消费品包括人们日常生活所需的食品、饮料、服装、家用电器、日化用品等。随着人们生活水平的不断提升，大众消费品的范畴也在不断地扩展，例如，旅游服务原来是专属于少数人的奢侈品，现在则变成了大众消费品。未来会有更多产品被纳入大众消费品范畴。

一、消费品行业，一个永不过时的行业

消费品行业与其他行业不同。从本质上看，消费品行业不存在夕阳与朝阳的问题，毕竟只要有人，就需要吃、穿、用，就需要消费品。换句话说，消费品行业的发展与人、人的收入关系更为紧密。人越多，消费的就越多；人的收入越高，购买消费品的能力就越强。从这一点来看，我国作为一个有着 14 亿人口的大国，消费品行业面对的市场规模之庞大可想而知。同时，我国经济长期保持较快增长，使得居民消费能力不断提升，如今消费已经成为国民经济发展的压舱石。

时代的发展，消费观念的变化，会给消费品行业带来新的机遇。比如，

早些年，人们收入普遍较低，购买力较弱，对价格较高的消费品、家用电器等的消费量较低。近些年，随着居民收入水平的提高，家用电器已经普及到千家万户。家电行业中涌现出一批又一批的大牛股，其中比较典型的就是格力电器。

格力电器是整个 A 股市场上非常有代表性的一只股票，也是大众消费品领域的一个典型。格力电器原名格力空调，是一家以制造空调起家的企业，即使现在，空调板块也是格力电器最主要的利润来源。

如图 1-2 所示，格力电器于 1996 年 11 月 18 日正式登陆 A 股市场，发行价为每股 2.5 元，首日开盘价为 17.5 元。此后，随着国内居民消费水平的提升，企业营收与净利润不断增长，股价不断创出历史新高。到了 2019 年 4 月 19 日，该股更是创出 9 475.27 元的高位（后复权价格）。相比首日开盘价，该股股价上涨了 500 多倍；相比发行价，该股股价上涨了 3 790 倍。格力电器的股价走势，也是中国消费品行业发展的一个缩影。

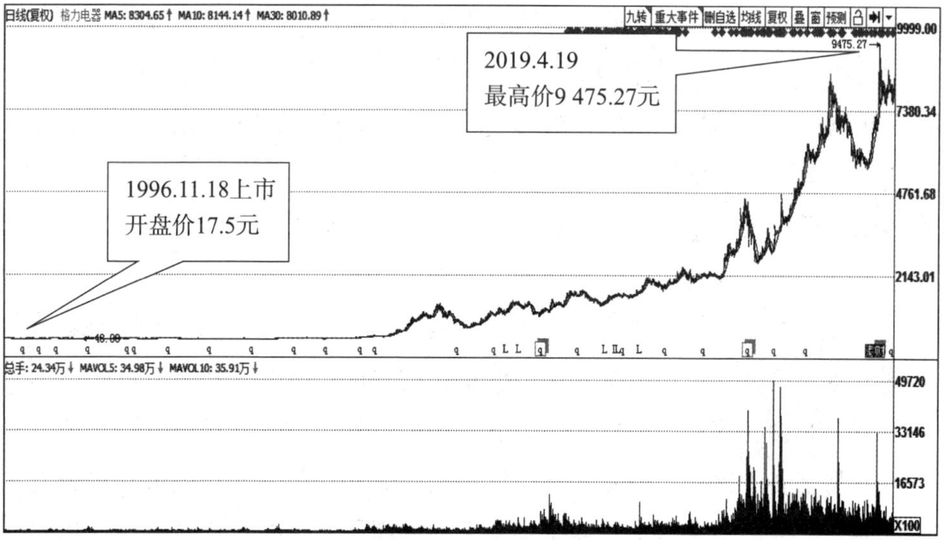

图 1–2　格力电器（000651）日 K 线走势图

二、把握消费升级的良机

消费升级，是指消费结构的升级，是指各类消费支出在总支出中的结构升级和层次提高。每一次消费升级都意味着更高层次的消费品占总消费支出比例显著扩大。改革开放以来，我国经历了3次规模较大的消费升级。

第一次消费升级出现在改革开放之初。当时粮食消费占比开始下降，轻工业产品占比提升。这说明解决基本的温饱问题之后，随着社会供应商品的不断丰富，可供选择的消费品越来越多。

第二次消费升级出现在20世纪80年代末期到90年代末期。在这一阶段，居民收入水平得到较大幅度的提升，大家购买的消费品逐渐升级，从自行车、收音机等产品逐渐过渡到电视、洗衣机、空调等家用电器。就是在这一阶段，家用电器企业得到快速发展。

第三次消费升级的时间就是当下。这次消费升级将极大提升各类服务、旅游、文化、IT等产品在居民消费支出中的占比。同时，传统的消费品面临一次大规模的升级换代，如原来的家用电器、食品饮料、服装等产业将进行全面升级和革新。2018年9月20日，《中共中央国务院关于完善促进消费体制机制进一步激发居民消费潜力的若干意见》公布，为促进消费提质升级绘制“蓝图”。意见提出，加快建立健全高层次、广覆盖、强约束的质量标准和消费后评价体系，强化消费领域企业和个人信用体系建设，提高消费者主体意识和维权能力，创建安全放心的消费环境。

可以这样说，第三次消费升级与前两次消费升级存在明显不同。之前的消费升级，更多地属于消费结构的变革，这次消费升级将是全方位的消费层次提高。对食品饮料、家用电器、服装等传统的生产企业来说，这次消费升级将面临全新的挑战。消费者不仅能买到相关的产品，而且能买到更加优质的产品和服务。特别是随着新兴消费群体的崛起，一些小众化、个性化的消费需求得到认可，这必将催生新的产业或行业。未来，哪家企业能够更好地把握消费升级的脉搏，就能赢得竞争的先机。

三、享受垄断收益的行业

在大众消费品领域，很多企业经过多年的耕耘或历史上建立的强大品牌优势，事实上对某类商品形成垄断。此后，这些企业凭借自身掌握的技术、品牌，享受超额的垄断收益。这些企业的生产成本相对较低，商品价格则较高，其利润率远远超过一般行业。在大众消费品领域，白酒行业就是这样一个特殊板块，该板块具有众多享受垄断收益的企业，如贵州茅台、五粮液、泸州老窖等。

在众多享受垄断收益的企业中，贵州茅台是比较典型的。因其具有强大的品牌影响力，悠久的历史和独特的酱香酒品质，长期以来深受市场欢迎。贵州茅台具有的这些优势，是其他企业望尘莫及的，因而形成事实上的垄断。在可以预见的未来，这种垄断优势仍会给企业带来源源不断的利润。当然，企业利润规模不断放大，并不意味着股价就能呈直线式上升，其价格走势必然受到大盘环境的影响，但总体上会呈现明显的震荡上升态势。

贵州茅台酒在国内享有极高的知名度和美誉度，历来被看成高档白酒的代表。贵州茅台酒酿造工艺十分复杂，酿造时间非常长。随着居民收入水平的提升，市场上对贵州茅台酒的需求量越来越大。贵州茅台酒不仅不愁卖，厂家还时常采用限量供应的方式，以避免酒价被炒得过高。这些因素无一例外地都反映到贵州茅台的股价上。投资者若能坚定地持有这类消费品大龙头股票，根本不用考虑股票的收益问题。

如图 1-3 所示，贵州茅台于 2001 年 8 月 27 日登陆 A 股市场，以 34.51 元的价格开盘。截至 2019 年 9 月 20 日，该股股价创出 6 872.48 元（后复权价格）的阶段高点。18 年期间，涨幅接近 200 倍。

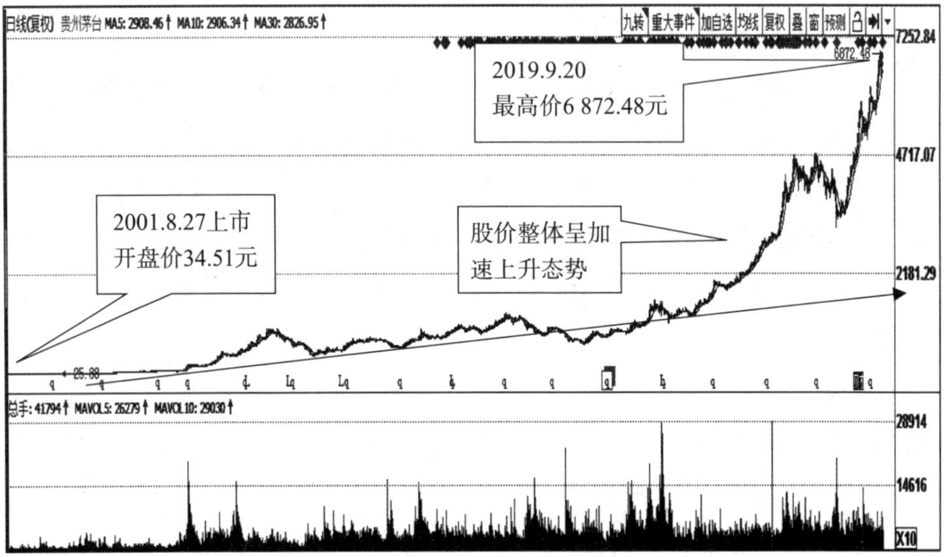

图 1–3　贵州茅台（600519）日 K 线走势图

第二节　大众消费行业股票交易策略

大众消费行业白马股频出，是一个非常适合投资的板块。面对经济下行和不确定的外部形势，相比其他行业股票，大众消费行业股票往往会有更好的表现。大众消费行业股票中，绩优股、白马股居多。从长期来看，这些股票的股价通常呈现震荡上升态势。从短期来看，则很少出现短线暴涨股，当然，个别股票出现重组或较大的突发性利好除外。相对而言，大众消费行业的股票，更适合长线价值投资或中线波段交易。

一、长线价值投资

与其他行业股票投资相似，长线投资大众消费类股票，有两个成功的关键点，即找到合适的投资标的，选准最佳的入场时机。通常情况下，大众消费行业的龙头企业往往有着更强的获利能力，其股票比较适宜长线价值投资。

1. 找到合适的投资标的

大众消费行业是一个竞争非常激烈的领域，并非所有业内企业都能取得成功，能够抢占先机的只有那些龙头企业。投资股票时，筛选出合适的标的是投资成功的关键。若想进行长线投资，需要选择那些在未来数年乃至数十年，能够保持稳定发展的龙头企业股票。

一般来说，选择大众消费龙头企业时，需要关注以下 3 个指标。

第一，品牌。品牌是大众消费行业内区分优势企业与其他企业最主要的指标。在选择产品时，客户往往会优先考虑那些占据自己心智资源的品牌。好比大家去超市购买果汁时，会优先考虑汇源果汁，购买空调时首先会想到格力电器。这就是品牌的力量。

从大众消费板块选择投资标的时，需要考虑品牌的影响力。比如，在可预见的未来，贵州茅台、五粮液等品牌是无法被取代的，这些品牌的影响力还将继续存在。当然，在有些细分领域，并没有出现这种强势品牌，这就需要多了解一些行业知识，或者在日常生活中留心观察周边的市场。毕竟消费品的品牌随处可见，否则就不是大众消费品。

第二，企业拥有核心竞争力的产品或服务。在大众消费行业中，有些企业能够提供独一无二的产品或服务，其获利能力可想而知。安琪酵母就是这样的一家企业，其生产的酵母占据 95% 以上的国内市场份额，几乎没有第二家企业提供类似的服务。作为调味品细分领域的老字号企业，安琪酵母拥有较为久远的品牌知名度和美誉度，其业绩一直呈现稳定的增长态势。

图 1-4 展示的是安琪酵母的日 K 线走势图。2012 年 12 月 4 日，安琪酵母的股价在 35.33 元的低位（复权后）启动上涨。截至 2018 年 5 月 29 日，股价达到 268.57 元的位置，上涨 7 倍有余。

第三，持续增长的业绩。这是长线价值投资的一条硬指标。持续稳定增长的业绩，是股价上行的基础和保障。无论有多少新产品或核心优势，若不能转化为现实的利润，是没有意义的。至少在过去 5 年中，所选的投资标的要有 20% 左右的平均净利润增长率。当然，个别龙头企业的市场占有率已经

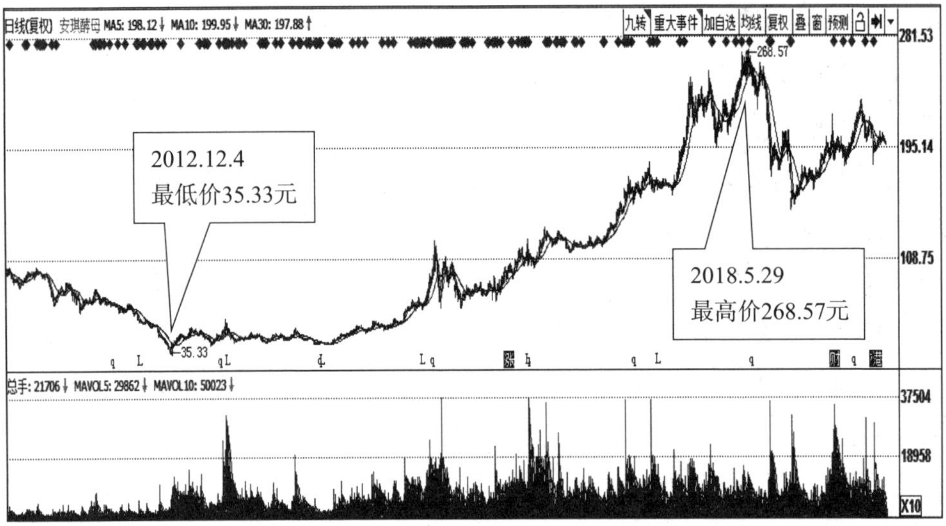

图 1–4 安琪酵母（600298）日 K 线走势图

很高，继续放大会变得异常困难，因而目标企业在某一年度由于特殊原因出现净利润下滑，是可以理解的。做价值投资，要关注企业的长期发展。

2. 选准最佳的入场时机

长线价值投资，绝不是任何时候买入后长期持有这么简单。从历史经验来看，即使极具投资价值的绩优股，也会随着大盘的涨跌出现起伏走势，有些个股还会因为某些特殊原因，股价短期快速下跌。其实，这为长线价值投资提供了两个绝佳的入场时机。

（1）大盘暴跌时。

尽管具有较高价值的股票，其价格走势明显强于大盘，而且能够穿越牛熊，但并不意味着会一直上涨。当大盘下跌时，特别是非理性暴跌时，这些具备较佳投资价值的股票也会随之大幅下跌。当然，这些股票下跌的时间和幅度一般都会明显小于大盘。一来这些股票具有的投资价值会吸引更多资金入场抢筹；二来这些股票都有很多大基金驻守，很少会出现长期的非理性下跌。从另一角度来看，出现非理性下跌之时，恰恰是入手这类股票的最佳时机。在大众消费品行业中，龙头股在熊市初期会特别抗跌。一旦这些股票开始补跌，就意味着熊市已经到了末期。

图 1-5 展示的是海天味业日 K 线走势与上证指数对比情况。海天味业作为一家以调味品生产、销售为主营业务的公司，随着酱油等主打产品的市场占有率不断提升，其股价保持长期的震荡上扬态势。由图中可以发现，这只股票的股价在上涨过程中，也会随着大盘的下跌大幅走低，但随后就会被拉升，并超越先前的高点。

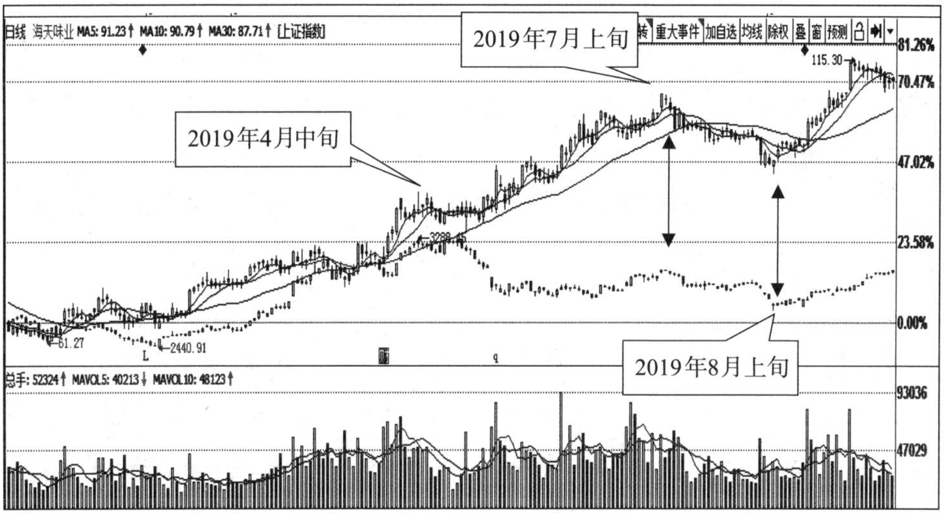

图 1–5　海天味业（603288）日 K 线走势与上证指数对比图

2019 年年初，随着大盘的暴涨，海天味业的股价上升至阶段高点。随后的 4 月中旬，大盘出现大幅下挫时，股价小幅下跌几个交易日后出现横盘走势。其后与大盘走势出现分化，即当大盘在底部震荡时，该股股价开启一波上涨走势，并很快突破 4 月中旬以前的高点。2019 年 7 月上旬，大盘再度大幅下跌时，该股股价也随之大幅下跌。一方面，作为前期的抗跌股，此时有补跌的需要，另一方面也说明大盘下跌即将结束。2019 年 8 月上旬，该股股价与大盘同步结束下跌，开始上涨，此时就是买入海天味业的最佳时机。

（2）个股遭遇“黑天鹅”。

“黑天鹅”事件，是指很难事先预测的不寻常事件。在股市中，“黑天鹅”通常是指一些对个股或行业破坏力十足且事先无法预测的事件。比如 2008

年下半年，对于整个乳制品行业来说，就是一个“黑天鹅”频出的时段。很多著名乳品企业的产品都被检查出含有“三聚氰胺”，导致整个乳品行业陷入萧条。

不过，在众多“黑天鹅”事件中，投资者需要理清几个真相：其一，该事件到底会给企业带来多大损失。其二，该事件是否足以摧毁整个企业。其三，该事件能否改变企业的营运模式或获利能力等。对于足以摧毁整个企业的“黑天鹅”事件，如三鹿乳品的三聚氰胺隐瞒事件，当然要避而远之。对于其他一些只对企业短期业绩造成冲击，并不会影响企业发展路线的“黑天鹅”事件，则要仔细分析，因为很多大牛股最佳的入场时机就是“黑天鹅”事件出现的时候。

自上市以来，伊利股份就是一只超级大牛股。2018 年 9 月中旬，央视公布了对乳业产品的抽查结果，大部分乳品企业的产品都被检出含有“三聚氰胺”。作为乳业龙头的伊利股份，一些批次产品也被检出含有“三聚氰胺”成分。对于伊利股份来说，这就是一只“黑天鹅”。此后该股股价出现断崖式下跌，如图 1-6 所示。

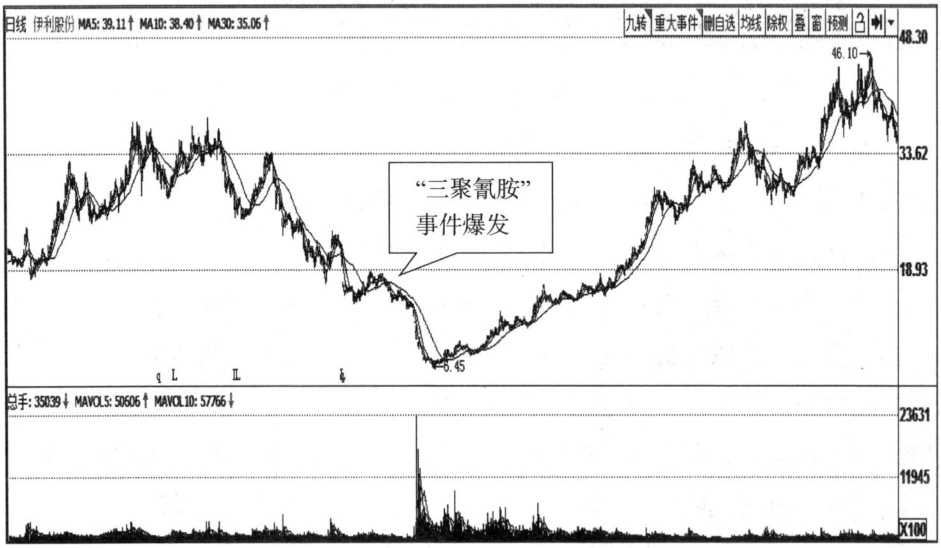

图 1–6　伊利股份（600887）日 K 线走势图

2008 年 9 月 17 日，伊利股份被检出含有“三聚氰胺”后，当日直接以跌停价开盘。此后又连续拉出多个一字跌停板，股价连续下跌 50% 以上。其实，对于想长期持有该股的投资者而言，此时的下跌无疑是一个较佳的入场时机。

此后，该股很快走出“三聚氰胺”危机，股价也同步震荡上扬。

二、中线波段交易

中线波段交易是建立在技术分析基础之上的交易方法。对大多数股票来说，中线波段交易属于比较理想的交易模式。从历史经验来看，大众健康股多为绩优股、白马股。这类股票的上涨趋势和下跌趋势一旦确立，可能都会持续一段时间，这就为投资者进行中线波段交易提供了机会。

中线波段交易可以回避股价中期下跌带来的损失，并将股价上涨的收益最大化。不过，波段交易存在一定的难点，即波段高点与低点的认定。通常来说，投资者可以借助以下 3 种技术工具，来识别波段高点与低点。

（1）K 线形态。

股价运行至阶段顶部或底部时，K 线往往会呈现出典型的顶部形态或底部形态，如 M 顶、头肩顶或 W 底、头肩底。出现这些典型 K 线形态，往往预示着阶段顶部或底部到来。

如图 1-7 所示，2019 年年初，随着大盘的上涨，伊利股份的股价出现一波震荡上升走势。到了 2019 年 7 月，在日 K 线走势图中，该股股价出现明显的 M 顶形态，属于典型的顶部形态。若想进行中线波段交易，可在股价跌破 M 顶颈线时执行卖出操作。

2019 年 7 月 16 日，该股股价向下跌破 M 顶的颈线，意味着该股可能会出现一波调整走势，可考虑减仓或清仓操作。待股价企稳反弹向上时，再重新加仓。

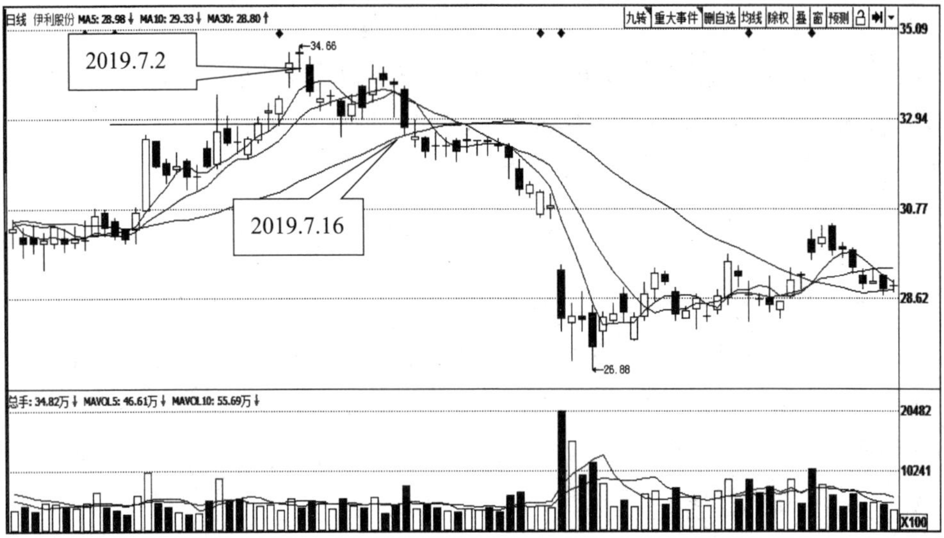

图 1–7　伊利股份（600887）日 K 线走势图

（2）技术指标形态。

除了 K 线形态之外，在指引投资者进行中线波段交易方面，一些技术指标也能提供参考。在众多技术指标中，MACD 指标是比较经典的，其高位死叉与低位金叉对指示股价进入阶段高点和低点具有明显优势。

如图 1-8 所示，2017 年 8 月至 10 月期间，金牌厨柜的日 K 线图上连续两次出现黄金交叉形态，预示股价将要发动一波上涨行情。

经过一轮短暂的下跌调整后，2017 年 8 月底，金牌厨柜的股价出现一波反弹走势，MACD 指标同步出现黄金交叉，预示股价有可能走强。

接着，经过一波上涨后，该股股价重回跌势，MACD 指标再度出现死亡交叉，此时不可轻易介入该股。9 月底，股价开始筑底。10 月 10 日，股价突然大幅拉升，成交量呈剧烈放大态势，此时 MACD 指标出现底部黄金交叉，且这一黄金交叉距上一次交叉时间很短。

至此，MACD 指标双金叉形态成立，投资者可放心买入该股。

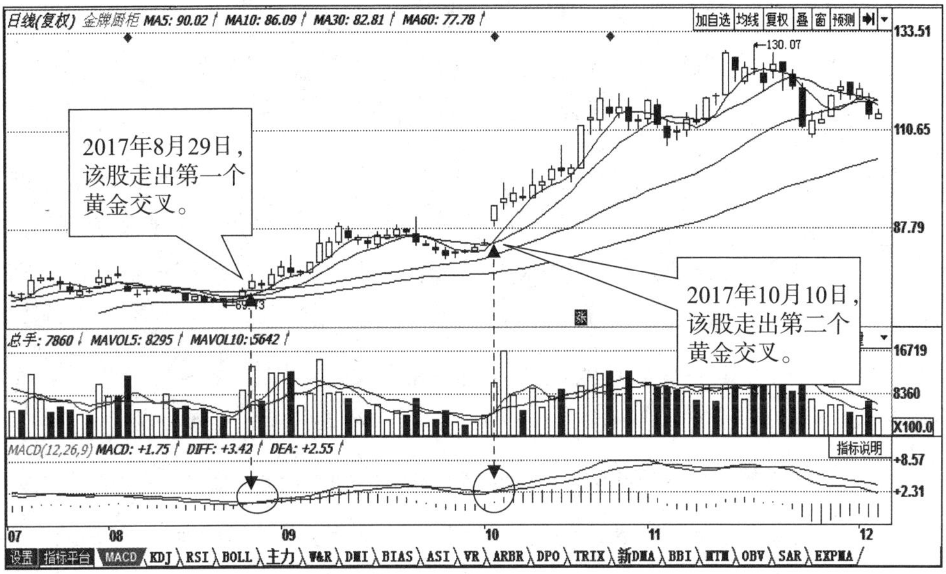

图 1–8　金牌厨柜（603180）日 K 线走势图

（3）背离形态。

背离形态，也是一种能够帮助投资者判断股价触顶或触底的技术形态。通常情况下，出现背离形态时，往往意味着阶段底部或顶部可能会来临，但并不能准确预测当前是否就是顶部或底部。因为背离形态有时出现 1 次后股价就会反转，而有时要 2 次或 3 次背离后股价才会反转。

背离形态包括股价与成交量背离、股价与技术指标形态背离（如股价与 MACD 指标背离）等。

这里以 MACD 指标为例进行说明。随着股价上升，MACD 指标必然也会上升。当一个高点出现后，MACD 指标必然会随之回落。其后，主力刻意制造上攻假象，并创下新高。由于其并未投入足够资金，市场上的做多力量必然偏弱。此时 MACD 指标虽然会走高，但无法超越前期高点，这就会形成 MACD 指标与股价走势的背离。

股价与 MACD 指标顶背离时，在具体操作方面，投资者需要注意以下 3 点。

其一，成交量的变化。若股价与 MACD 指标顶背离时，又同步与成交量指标顶背离，则意味着股价下跌的可能性非常大。

其二，股价与MACD指标顶背离的次数越多，则股价下跌的可能性越大。

其三，形成顶背离后，DIFF快线自上而下穿越DEA慢线形成交叉时，投资者可卖出部分股票；若DIFF快线跌破0轴，则可清空仓位。

如图1-9所示，2017年年初，小天鹅A的股价启动一波快速上攻走势。进入4月下旬，该股攻势有减弱迹象。4月26日，该股股价创下短期高点后回落。与此同时，MACD指标同步拐头向下。

此后，经过几个交易日的调整，该股重新上攻，并在6月9日创下一个新的高点。尽管MACD指标也同步向上移动，但并未超过前期高点。至此，MACD指标与股价顶背离形态正式成立，说明该股波段顶部来临。

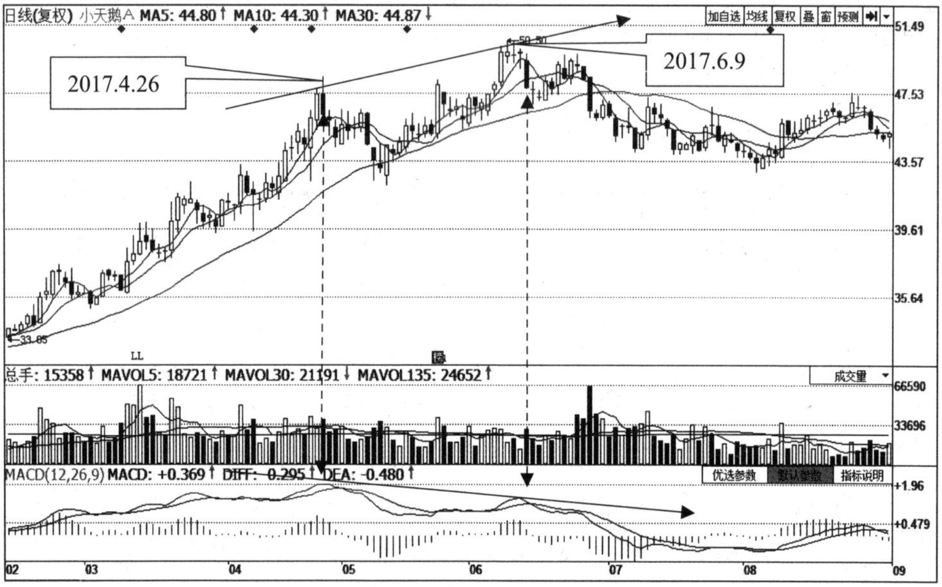

图1–9 小天鹅A（000418）日K线走势图

第二章

审视大众消费行业

在目前消费升级的大背景下，大众消费行业面临着前所未有的发展机会，同时也存在诸多困难和挑战。

第一节　大众消费行业面临的机会

大众消费行业作为一个永不过时的行业，相比其他行业，往往会孕育更多的投资机会。这种历史性的发展机遇与以下 6 个方面的因素密不可分。

一、消费支出增长拉动 GDP

随着社会各项投资拉动经济能力趋弱，消费支出增长对 GDP 增长的贡献越来越大，消费支出已经成为拉动国民经济增长的最大推动器。2018 年，消费支出增长对 GDP 增长的贡献率超过 70%，如图 2-1 所示。

从图中可以看出，2014 年以后，消费支出增长对 GDP 的贡献率达到或超过 50%。与此同时，社会消费品零售增速始终高于 GDP 增速，消费支出成为推动 GDP 增长的主要力量。近年来，随着国际贸易形势不确定性因素增加，以及内部投资趋于平缓，GDP 的增长越来越依靠消费支出的推动。正因如此，政府经常出台一些拉动消费增长的举措，以促进社会经济发展。这些宏观经济措施无疑可以带动企业相关产品的销售，从而推动相关生产企业乃至行业的大发展。

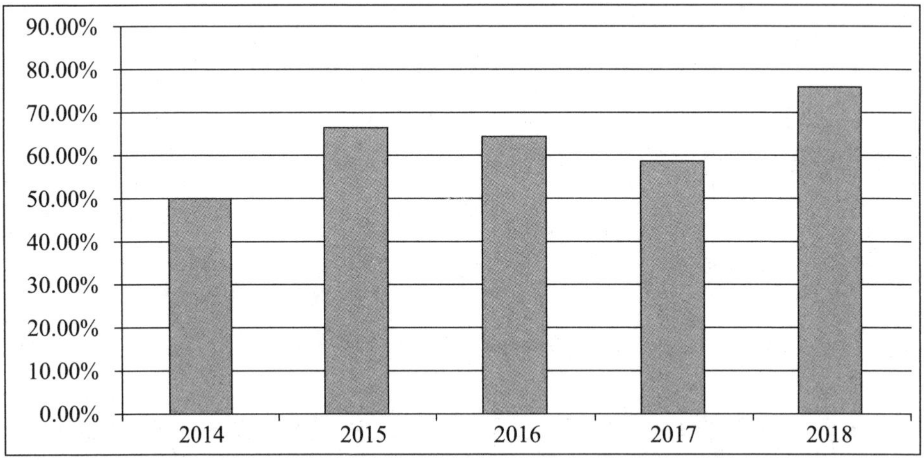

图 2-1　2014—2018 年消费支出增长对 GDP 增长的贡献率

二、城镇化趋势加强

随着国民经济的发展，国家下大气力进行棚户区改造、城中村改造以及旧城改造，进一步提升城镇化水平。比如，棚户区改造往往是通过实物安置与货币补偿两种方式安置原有居民的，实物安置会给这些居民提供新的居住环境，货币补偿会刺激这些居民的消费需求，从而直接拉动消费品行业的发展。

未来，随着城镇化水平的进一步提升，农村劳动力还将大量向城市转移，这无疑将拉动消费品行业快速发展。近年来的城镇化水平如图 2-2 所示。

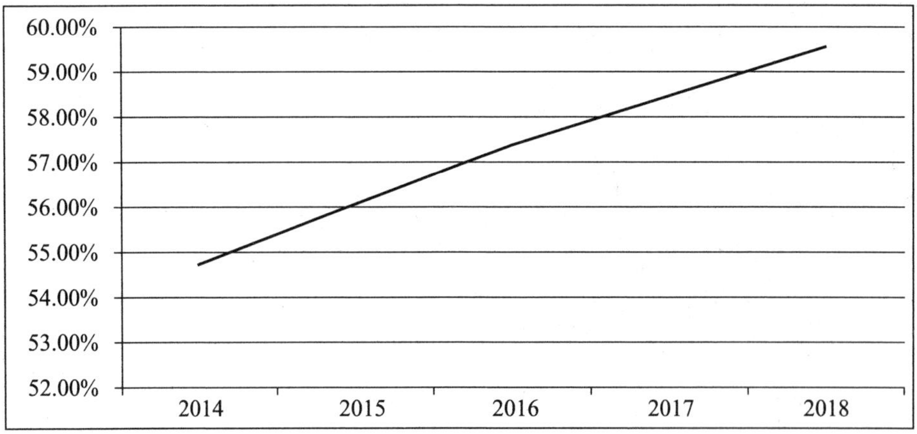

图 2-2　2014—2018 年城镇居民占总人口比率

从图中可以看出，近年来，我国的城镇化比率一直呈上升态势，2018年达到59.58%，不过距离发达国家平均75%的城镇化水平还有很大的提升空间。也就是说，未来很多年内，我国城镇化水平还将进一步提升，相应地其对消费行业的提振作用也会长期存在。

三、农民收入提升

与城镇居民相比，农民的收入水平还比较低，消费结构与消费水平都与城镇居民不同。近年来，随着农民收入水平的提升，其消费支出的增幅要大于城镇居民。当然，这与农民消费水平起点较低有关。农民的居住消费和医疗消费一直增长较快，食品、服装消费增长开始趋缓，这与农村居民收入增速较高有关。也就是说，当收入增长到一定程度后，食品和服装的消费支出必然会降低，这属于一次消费升级。

与此同时，中央的精准扶贫政策也将拉动消费行业的发展。《“十三五”脱贫攻坚规划》提出：要在2020年实现贫困人口全部脱贫，消灭贫困县、贫困村。中国扶贫办的相关数据显示，十八大以来，5年里平均每年减少贫困人口1 300万人。这些走出贫困线的人口消费支出将快速增加，这会刺激消费行业的发展。

四、地产消费占比下降

以更宏观的视角看待消费支出，可以发现：地产支出对消费支出具有明显的挤出效应。也就是说，当居民将更多的钱用于购买住房时，消费支出必然受到抑制；反之，当居民购房所需支出的款项减少时，必然推动消费能力的提升。

随着中央为房地产市场定调“房住不炒”并采取一系列调控措施，整个房地产市场开始趋于平稳，各大一线城市的房地产销售增速开始下滑，居民用于购房的一次性首付款增速同步下滑，这有利于居民将更多资金用于消费支出。

五、人口结构切换

未来对人口结构产生深刻变化的因素有两个，即老龄化和二孩政策。

1. 老龄化

随着生活水平、医疗水平的提升，人们的平均寿命不断延长，我国很多省市提前进入老龄化社会。随之而来的，老年护理服务、保健用品等消费将会持续快速增长，这无疑将刺激相关消费行业的发展。

2. 二孩政策

随着全面放开二胎政策的推行，越来越多的家庭选择生育两个孩子。生育两个孩子家庭增加，必然刺激相关产品的需求，如婴幼儿用品，适合两个孩子的睡床以及玩具，甚至育婴服务、幼儿保健服务等。

六、个税改革

政府个税改革，在提升个税起征点的同时，又增加了医疗、养老、教育以及住房等方面的抵扣，这在一定程度上减轻了居民的税负，无疑将增加这部分人群的消费能力。个税改革受益最大的为中高端收入者，通过减税无疑可以提升他们的消费能力，进而带动相关产品的消费。

第二节　大众消费行业概述

大众消费行业涉及的细分领域较多，本书重点选择其中的 6 类来做简单介绍，如图 2-3 所示。

一、白酒与饮料行业

从整体上来看，白酒与饮料行业是整个消费品行业中诞生白马股最多的一个分类。该类可细分为白酒、啤酒、黄酒和葡萄酒以及饮料等。单从产品分类来看，饮料行业是远比酒类更大的一个分支，比如其中的果汁饮料、碳酸饮料、茶饮料以及含乳饮料等。但是从股票投资的角度来看，酒类上市公司多于饮料类上市公司，且酒类上市公司的市场表现更佳。

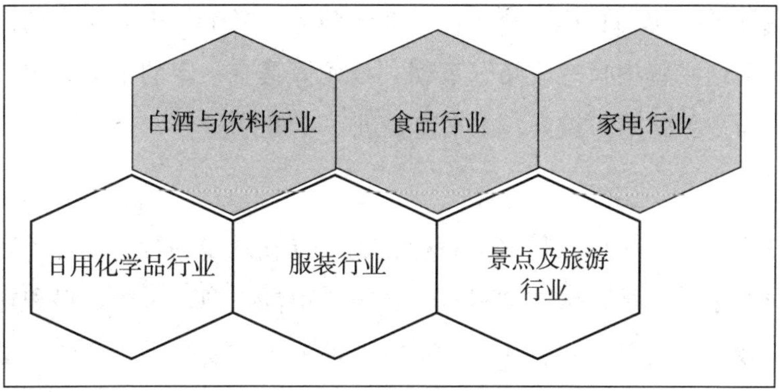

图 2-3 大众消费行业细分

1. 白酒

以贵州茅台、五粮液、泸州老窖为代表的白酒阵营，简直就是白马股的摇篮。众多一线白酒品牌都是基金公司的宠儿，就连一些二线白酒品牌也因业绩较佳备受基金公司青睐，如牛栏山二锅头所属的顺鑫农业、酒鬼酒等股票的股价历年都有不错的表现。可以这样说，在很大程度上，大众消费板块的起伏要看白酒板块，白酒板块又以贵州茅台、五粮液、泸州老窖马首是瞻。

2. 啤酒

相对白酒来说，啤酒的饮用量更大。由于保质期、口感的问题，该行业带有很强的地域特色，很多城市都有本地的啤酒厂商。除了几家大型啤酒企业之外，还存在数量众多的中小型啤酒企业。近年来，随着市场开拓越来越困难，整个啤酒产业销量越来越接近行业天花板，各大厂商的营收增长变得十分困难，盈利能力开始趋弱。未来，大型啤酒厂商将会不断地兼并中小厂商，以实现营收增长。

3. 黄酒及葡萄酒

黄酒作为一种历史十分悠久的酒类，前些年曾经一度呈现出非常积极的发展信号，近几年则开始趋弱。当前，黄酒的主要消费群体仍旧集中在江、浙、沪及周边地区，但这些地区黄酒的消费潜力已经被挖掘得差不多了，未来发展要看能否像“凉茶”一样火遍全国。

葡萄酒的情况与黄酒有所不同。在葡萄酒市场上，中高端市场被外资品牌占领，国内品牌中只有张裕、王朝、威龙等具有一定的市场影响力。但国内品牌与外资品牌差距较大，未来需要进一步培育。

4. 饮料

饮料行业是一个变数较多的行业，也是分支众多的行业。近年来，随着消费者对健康的重视，碳酸饮料越来越不受市场欢迎，果汁饮料和含乳饮料发展情况较佳。功能饮料，作为饮料行业的一个重要分支，前些年虽然曾经火爆过，但繁华过后，只有红牛能够屹立不倒，其他的功能饮料，市场销售均大不如前。

二、食品行业

食品行业是消费品行业中一个较大的细分领域，可进一步细分为食品制造、休闲食品、调味品和乳制品等领域。当然，食品制造是一个非常宽泛的领域，从分类角度来看，仍可进一步细分。不过，这里为了寻找合适的投资标的，并未进行细分。

1. 食品制造

食品制造是一个非常大的范畴，日常所需的大米、白面等都属于食品制造范畴，食用的加工肉类、面包等也都属于食品制造领域。当然，有一些食品同属于几个不同的子类。比如，面包既可分类到基本的食品制造领域，也可分类到休闲食品领域。双汇食品也具有这样的特点。双汇食品销售的冷鲜肉肯定属于食品制造子行业，但火腿肠确实可分类到休闲食品中。为了讲述问题方便，将可能从属多个子类的企业分到食品制造领域。

2. 休闲食品

休闲食品是近些年发展非常迅猛的一个子领域。最典型的休闲食品就是大家经常食用的瓜子、糖果等。随着网络销售的兴起，一些新崛起的休闲食品生产企业迅速走到行业前列，比较典型的如三只松鼠。通过连锁销售迅速占领市场的绝味食品，也是非常有代表性的一个。休闲食品领域崛起的品牌，确实代表了新兴商业模式的成功。

3. 调味品

调味品本身并不是一个产值巨大的品类，毕竟大家消费的调味品有限。由于我国人口众多，孕育了庞大的调味品市场。在这个市场上，诞生了多家具有垄断地位的企业，如酵母生产企业安琪酵母，榨菜生产企业涪陵榨菜，以酱油著称的海天味业等。这些企业在行业内部都有较高的市场占有率，形成某种程度的垄断。

4. 乳制品

乳制品行业是一个竞争非常激烈的行业，目前的竞争格局相对已经定型，即两家超级巨头（伊利与蒙牛）和多家地方豪强（包括三元、君乐宝、光明、完达山等）。在可以预见的未来，伊利和蒙牛的地位和排名不会动摇，值得关注的是蒙牛跟伊利之间的差距是进一步扩大还是缩小。

三、家电行业

除白酒行业之外，家电行业是另一个白马股集中营。家电行业的发展几乎与我国消费升级同步，也是反映国民经济发展的一面镜子。从简单的家电生产，一路发展到今天的各类智能家电，很多曾经的家电霸主风光不再，一些新兴的家电企业开始崛起。其实，这就是行业发展的现实，不断地吐故纳新，不断地升级换代。

概括说来，家电行业可以进一步细分为家居家电、厨房家电、个人护理家电、3C 数码家电等。

1. 家居家电

家居家电是整个家电品类中的核心板块。在这一板块中，诞生了格力电器、美的集团、海尔智家、小天鹅（目前已与美的集团合并）等诸多绩优股。这一板块的发展最能反映我国经济发展情况。同时，家居家电的单价一般都比较高，该板块的发展需要居民消费能力的提升来做支撑。

2. 厨房家电

除了集成灶等大件电器之外，大部分厨房家电可以划分到小家电范畴，如豆浆机、电饭煲、面包机、电烤箱、微波炉等。有些企业就是以小家电起家的，如九阳股份以豆浆机著称，苏泊尔的锅具非常知名。近些年来，很多家居家电企业开始抢占厨房家电市场，如美的集团的厨房家电发力很猛，抢占了很大的市场份额。

3. 个人护理家电

除电动剃须刀和吹风机之外，对个人护理家电品类，大多数消费者可能没有太多认识。近几年来，电动牙刷、各类黑科技产品开始走进消费者的视线。未来，随着消费者需求的日益多样化，个人护理家电可能会成为发展势头迅猛的一个分类。

4. 3C 数码家电

3C 数码家电与大家生活密切相关，手机、家用电脑等均属于该类产品。几年前，数码照相机、数码摄像机、DV 等都是这一品类中的王牌。最近几年，随着手机功能的日益强大，特别是照相、录像功能的完善，一部手机大有取代照相机和摄像机的趋势。当然，这是站在普通消费者的立场来看的，若是专业照相或录像，肯定需要专业的设备。

就手机这一细分领域来说，目前整个市场形成了三星、苹果和华为 3 大巨头加若干一线品牌和二线品牌的格局。总之，只有位居行业前列的企业才可能获得较丰厚的收益，二线或三线品牌的利润则较低。

四、日用化学品行业

日用化学品用途非常广泛，细分领域也非常多。目前，整个日化领域中，大部分市场被外资品牌垄断，如保洁、联合利华、高露洁等，国内厂商整体实力远远弱于外资厂商。近年来，国内厂商崛起的步伐较快，在很多领域已经能够与外资品牌一较高下。例如，洗衣粉领域的立白，洗衣液领域的蓝月亮，牙膏领域的黑人、云南白药等。未来，随着消费者对绿色、环保、健康的重视，国内厂商会有更大的施展空间。

五、服装行业

服装行业是一个相对特殊的消费领域。随着经济的发展，国内服装消费总量不但没有增长，还有所下降，服装消费额则保持上升态势。也就是说，随着大家经济条件变好，越来越多的人倾向选择质量较好、价格较高的服装，这些服装平均使用寿命长于价格低廉的服装。

从服装行业的整体发展趋势看，质量、品牌以及个性化成为消费者最关注的几个要素，价格相对没那么重要了。正因如此，国产服装企业发展态势并不理想，毕竟国内服装品牌与国际品牌还有一定差距。同时，国内服装企业普遍存在库存高企的问题，在选择投资标的时，投资者要多加注意。

六、景点及旅游行业

景点及旅游行业的竞争比以往更为激烈。从事景点经营的企业很难再像以往一样，仅靠收门票过日子。这些企业不得不开展多种经营，将业务扩展至酒店、旅游以及相关的休闲娱乐等领域。

旅游服务行业面临的竞争形势更为严峻。在旅行社领域，中国国旅一家独大，其大部分利润来自免税店，而非旅游团费收入。在票务服务方面，由于同质化严重，竞争比较激烈，盈利日益困难。

不过，从大的趋势来看，随着人们收入水平的提升，景点及旅游行业的发展潜力非常大。

第三节　大众消费行业面临的风险和挑战

从整体上看，大众消费行业发展空间非常大。但由于这个行业具有特殊性，个体上市公司会面临诸多风险和挑战。

一、安全风险与“黑天鹅”事件

大众消费板块中，很多标的从属于大食品范畴。这类产品与药品一样，在安全问题上不能有半点马虎。

尽管各个食品生产企业都有各自的安全管理措施，但仍无法避免一些个案安全事件出现。对整个行业而言，这属于个别事件，不过企业本身则可能遭受灭顶之灾。持有该企业股票的投资者，则可能遭受较大的损失。例如，2008 年下半年发生的乳业三聚氰胺事件中，很多大型乳品企业的产品被爆出含有三聚氰胺，一时间，整个国产乳业面临巨大的信任危机，很多乳品企业的股价大幅下跌。

随着网络舆情力量不断增大，一些本身并不大或与企业关系不大的安全事件可能被无限放大，这都会对该类股票的投资者造成影响。

因此，即使投资者十分看好大众消费板块，也要有风险防控意识，不能让单只股票占据的仓位过大。

二、不公平竞争问题

大众消费板块属于充分竞争板块，市场规模又非常庞大，还有广大的有待完全开发的农村市场，这就使得该行业的不公平竞争现象层出不穷。

第一，价格战频发。

各大消费品生产企业为了削弱竞争对手，扩大市场占有率，经常祭出价格战的武器。在杀伤对手的同时，往往也会损害自己的利益。虽然适当的价格战有利于降低售价，让消费者得到实惠，增强消费者购买意愿，但厮杀过度会让整个行业陷入亏损。彩电行业、手机行业都曾经历过多次价格战洗礼，导致众多知名厂商出局。

第二，跟风严重，创新不足。

当一款产品投放市场后，很多厂商会竞相模仿，导致仿冒产品众多，严重损害创新企业的利益。特别是在食品饮料行业，很多跟风企业不仅生产的产品与原产厂商相似，而且采用类似的包装设计和宣传策略，游走于合法与非法之间，这会给相关企业造成较大损失。

第三，排他性渠道策略。

对很多大众消费品来说，赢得终端就相当于赢得市场。在终端争夺过程中，很多厂商不惜采用排他性策略，通过不公平的方法将竞争对手挤出终端。在一些中小城市或农村区域，这种情况表现得更为明显。

三、消费者偏好改变的影响

随着人们生活水平的提高，大家选择消费品不是简单地以价格和功能作为选择依据，而是越来越多地从个人需求和偏好出发。消费品生产厂商不得不随时了解消费者的偏好，及时调整产品策略、营销策略等。

在手机刚刚问世时，一款动辄几千元，甚至上万元的手机，功能非常单一，外观不够美观，但有经济实力的消费者仍然趋之若鹜。20 年后的今天，情况完全不同，手机厂商再想用一成不变的外观设计赢得消费者几乎不可能。当年的手机霸主诺基亚、摩托罗拉，都是因为没有及时掌握消费者偏好的变化而出局的。当然，诺基亚又卷土重来则是后话。

随着 90 后、00 后日益成为消费主力军，他们对消费品的需求更趋于个性化，这无疑对消费品生产企业提出了更高的要求。

第三章

大众消费类股票价格评估方法

估值是整个股票投资的基础。特别是对价值投资者而言，相对准确的估值，是投资成功的关键。每个投资者都试图找到一种估值方法，来对股票价值进行相对准确的估测，然而不得不承认，没有人能够准确地计算股票价值。只能通过一些相对科学的方法，大致判断一只股票内在价值与价格的关系，进而做出投资决策。一只股票的价格受制于诸多因素，如内在价值、经营水平、竞争能力、外界环境、供求关系等。

第一节　基本财务分析指标

从目前比较容易掌握的上市公司资料来看，财务指标仍是分析一只股票价值最有效的手段。因此，了解财务报表中的资产负债表、利润表和现金流量表，是分析一只股票投资价值的前提。

一、认识资产负债表

平时说谁家比较有钱，指的是这家的资产比较多，没有或很少有负债的情况。看一家企业实力大小，也要看其资产与负债情况。通常情况下，资产越多，负债越少，企业实力越雄厚，越具备投资价值。

资产负债表又称财务状况表，是表示企业在一定日期（通常为各会计期末）财务状况（即资产、负债和业主权益的状况）的主要会计报表。资产负债表由资产、负债和所有者权益 3 部分组成。“资产 = 负债 + 所有者权益”

是资产负债表编制的理论基础，也是资产负债表成立的基本原理。上市公司每个季度都会公布自己的财务报表，资产负债表跟利润表、现金流量表一样，都是必须公布的项目。

投资者借助【F10】功能，在【财务概况】选项卡内点击【资产负债表】，可以看到完整的资产负债表信息，如图 3-1 所示。

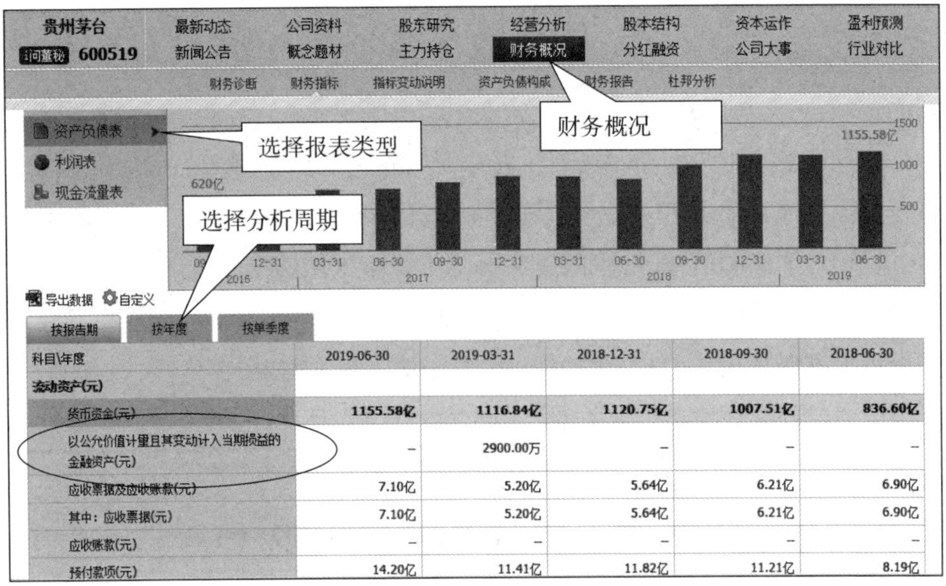

图 3–1 贵州茅台（600519）资产负债表

如图 3-1 所示，炒股软件中给出的资产负债表项目都是竖向排列的，同时给出多个报告周期数据。投资者可以比较各个周期的财务数据，以获得自己需要的信息。为了让读者更容易理解资产负债表，下面把资产负债表还原为普通样式，也就是通常所说的资产负债表应该是表 3-1 所示的样子。

对比图 3-1 和表 3-1 可以发现，炒股软件中的资产负债表，其实就是将表 3-1 中的项目竖向展开。

企业所在行业不同，经营项目不同，资产负债表中的一些具体分类项目也会有所差异，但基本结构不会变化。

表 3–1　资产负债表

编制单位：
买入必涨有限责任公司　　　　2018 年 8 月 8 日　　　　会企 01 表
单位：元

资产	行次	年初数	期末数	负债和所有者权益（或股东权益）	行次	年初数	期末数
流动资产：				流动负债：			
货币资金	1	880 000.00	2 000 000.00	短期借款	33	300 000.00	700 000.00
交易性金融资产	2			交易金融负债	34		
应收票据	3			应付票据	35		
应收账款	4	200 000.00	500 000.00	应付账款	36	1 800 000.00	2 200 000.00
预付账款	5			预收账款	37		
应收利息	6			应付职工薪酬	38		600 000.00
应收股利	7			应交税费	39		399 000.00
其他应收款	8	2 000 000.00	100 000.00	应付利息	40		1 000.00
存货	9	1 000 000.00	3 000 000.00	应付股利	41		
其中：消耗性生物资产	10			其他应付款	42	700 000.00	1 000 000.00
一年内到期的非流动资产	11			一年内到期的非流动负债	43		
其他流动资产	12			其他流动负债	44		
流动资产合计	13	4 080 000.00	5 600 000.00	流动负债合计	45	2 800 000.00	5 000 000.00
非流动资产：							
可供出售金融资产	14			长期借款	46		
持有至到期投资	15			应付债券	47		
长期应收款	16			长期应付款	48	1 500 000.00	1 000 000.00

续　表

资产	行次	年初数	期末数	负债和所有者权益（或股东权益）	行次	年初数	期末数
长期股权投资	17	1 000 000.00	1 000 000.00	专项应付款	49		
投资性房地产	18			预计负债	50		
固定资产	19	2 000 000.00	2 500 000.00	递延所得税负债	51		
在建工程	20			其他非流动负债	52		
工程物资	21			非流动负债合计	53	1 500 000.00	1 000 000.00
固定资产清理	22			负债合计	57	4 300 000.00	6 000 000.00
无形资产	23	600 000.00	600 000.00				
开发支出	24			所有者权益（或股东权益）	58		
专利权	25			实收资本（或股本）	59	3 000 000.00	3 000 000.00
商标权	26			资本公积	60		
商誉	27			减：库存股	61		
长期待摊费用	28			盈余公积			
递延所得税资产	29			未分配利润	62	380 000.00	700 000.00
其他费流动资产	30			所有者权益（股东权益）合计	63	3 380 000.00	3 700 000.00
非流动资产合计	31	3 600 000.00	4 100 000.00		64		
资产总计	32	7 680 000.00	9 700 000.00	负债和所有者权益（或股东权益）	65	7 680 000.00	9 700 000.00

注：表中数据皆为虚拟数据，仅为方便讲解之用。

资产负债表的左侧为资产栏目，右侧上半部分为负债栏目，下半部分为所有者权益栏目。其中，资产栏目的总额应该恒等于右侧负债栏目与所有者权益栏目的总和。

1. 资产负债表中的“资产”

资产，是指企业过去经营交易或各项事项形成的、企业拥有或控制的预期会给企业带来经济利益的资源。用通俗的话来讲，就是告诉投资者这个企业都有什么（资产）。当然，企业拥有的东西，既包括用自己的钱买来的（所有者权益），也包括借别人的钱买来的自己用的东西（负债）。总之，企业现在能用来赚钱的资源就是企业资产。按照会计分类方法，可以将资产分为流动资产和非流动资产两类。

（1）流动资产。

流动资产是指企业可在 1 年或超过 1 年的一个营业周期内变现或运用的资产，是企业资产中必不可少的组成部分。流动资产就是那些能在短期内迅速变现的资产，最典型、最重要的流动资产包括现金（本身就是货币）、存货（商品可以卖出换回现金，原材料可以变成商品再换回现金）、应收账款（就是别人欠自己的钱，能收回来的就是现金，收不回来就会变成坏账）。

在诸多流动资产中，现金是最重要的一种。行业不同，企业不同，存货和应收账款的变现能力也存在差异。比如，图 3-1 中的贵州茅台，由于具备较强的品牌优势和垄断优势，2018 年度应收账款为 0。也就是说，经销商根本不敢欠贵州茅台的钱。有时还要先把货款打进贵州茅台的账户，就是这样都不一定能拿到货！当然，贵州茅台即使有应收账款也会全部变现的，这一点根本不成问题。但是，其他公司就没有这么硬气，投资者要多加区分。比如表 3-1 中这家公司，应收账款和存货能不能完全变现就很难说。从某种意义上说，应收账款越多，企业面对的风险就越高。

（2）非流动资产。

非流动资产是指不能在 1 年或超过 1 年的一个营业周期内变现或耗用的资产。它是指流动资产以外的资产，主要包括持有到期的投资、长期应收款、长期股权投资、工程物资、投资性房地产、固定资产、在建工程、无形资产、长期待摊费用、可供出售的金融资产等。也就是说，除了流动资产之外，所有资产都属于非流动资产。非流动资产的变现能力普遍弱于流动资产，而且在变现时常常会有折损。

非流动资产中，最典型的主要包括 3 类。

第一，长期股权投资。企业对外投资取得的被投资单位的股份。A 股上市公司经常投资一些相关单位，企业为了获得被投资单位的股份花费的钱就是长期股权投资。这些企业每年的分红会按比例计入企业的投资收益，投资者需要关注这些上市公司投资的单位及行业。若被投资单位中有些能够上市，无疑将大大提升企业的投资收益。若被投资单位中有些涉及某些热门概念，也会带动上市公司股价上扬。

第二，固定资产。固定资产是指企业为生产产品、提供劳务、出租或经营管理而持有的、使用时间超过 12 个月的价值达到一定标准的非货币性资产，包括房屋、建筑物、机器、机械、运输工具，以及其他与生产经营活动有关的设备、器具、工具，等等。

固定资产具有 3 个属性：其一，必须是与生产经营有关的（无关的资产可能被列入投资，如投资性房产）；其二，持有和使用时间较长，一般要超过 12 个月；其三，有一定的价值，价格不能太低（价格太低可能会被列入低值易耗品直接摊销掉）。

大多数企业中，固定资产都占到总资产的相当比例，特别是一些生产型企业，其设备、厂房的投资很大，很容易造成固定资产高企。这些固定资产通常在短期内难以变现，只会在企业账面上体现，一旦企业破产，可能会被折掉相当的价值。当然，也有一些企业的固定资产已经折旧完毕，但仍然在发挥余热，可能会为企业增值不少。正因如此，投资者在分析目标标的资产时，要留心固定资产栏目，多角度分析固定资产的价值。

第三，无形资产。无形资产是指企业拥有或控制的，没有实物形态可辨认的非货币性资产。无形资产包括商誉、特许经营权、专利权、商标权等。

无形资产的计量存在一定困难，只有在发生交易时才会体现其价值。也就是说，很多品牌价值很高的企业，其实会计报表中并没有计入这部分资产，因此这些企业往往存在价值低估的情况。投资者需要自行估算其大致价值，以便获得标的企业更准确的价值数据。

2. 资产负债表中的“负债”

负债，是企业承担的能以货币计量、需要以资产或劳务偿还的债务。它是一种债务，是企业需要偿还的钱。如同一个人欠别人钱，这笔钱终究是要还的。资产负债表中的“负债”，就是告诉大家这家企业到底欠多少外债。大家知道，如果一个人欠其他人很多钱，那么他再去借钱时，大家就会担心他能不能还上。企业也是如此，如果一家企业负债过多，甚至出现资不抵债（资产小于负债）的情况，那么这家企业就离破产不远了。

按照会计分类方法，可以将负债分为流动负债和非流动负债两类。

（1）流动负债。

流动负债是指在 1 年或超过 1 年的一个营业周期内偿还的债务。流动负债与流动资产相对，是那些需要在短期内偿还的债务。换句话说，这些债务可能在接下来的 1 年内耗用大量企业现金，企业必须有充足的流动资产与之对应。最典型的流动负债包括短期借款、应付账款、应付职工薪酬、应付税费、预收账款（企业必须在短期内向客户提供产品，产品则属于流动资产范畴，不过预收货款越多，越能说明企业在市场竞争中处于优势地位，前面讲的贵州茅台 2019 年上半年报的预收账款高达 122.57 亿元，如图 3-2 所示）等。

（2）非流动负债。

非流动负债又称长期负债，是指偿还期在 1 年或超过 1 年的一个营业周期以上的债务。非流动负债多是一些需要在未来某个时间点偿还的债务。最典型的非流动负债包括长期借款、应付债券、专项应付款、长期应付款等。

流动负债(元)	2019-06-30	2019-03-31	2018-12-31	2018-09-30	2018-06-30
短期借款(元)	--	--	--	--	--
应付票据及应付账款(元)	13.26亿	11.74亿	11.78亿	9.23亿	11.69亿
应付账款(元)	13.26亿	--	11.78亿	--	11.69亿
预收款项(元)	122.57亿	113.85亿	135.77亿	111.68亿	99.40亿
应付职工薪酬(元)	4.12亿	4.52亿	20.35亿	5.49亿	5.06亿
应交税费(元)	32.58亿	27.04亿	107.71亿	50.25亿	17.13亿
其他应付款合计(元)	46.18亿	35.87亿	34.05亿	46.18亿	70.71亿
其中：应付利息(元)	4573.68万	3289.65万	4277.05万	3382.09万	3077.78万
应付股利(元)	--	--	--	--	25.80亿
其他应付款(元)	45.72亿	--	--	--	44.60亿
一年内到期的非流动负债(元)	--	--	--	--	--
其他流动负债(元)	--	--	--	--	--
流动负债合计(元)	454.37亿	305.66亿	424.38亿	409.75亿	333.95亿

预收账款

图 3–2　贵州茅台（600519）财务数据表

3. 资产负债表中的“所有者权益”

所有者权益，是指企业资产扣除负债后由所有者享有的剩余权益。公司的所有者权益又称股东权益。所有者权益是所有者对企业资产的剩余索取权，它是企业资产扣除债权人权益后应由所有者享有的部分。本质上，这部分资产就是企业的净资产。通常情况下，所有者权益越高，说明企业的内在实力越强。所有者权益主要包括实收资本、资本公积、盈余公积、未分配利润等。

（1）实收资本。

实收资本是指企业实际收到的投资人投入的资本。在上市公司财务报表中，更多会以“股本（单位：元）”来体现。目前，大多数上市公司原始股的票面价格为 1 元，也就是说，这家公司共有多少股数，就有多少元的实收资本。例如，截至 2017 年年底，贵州茅台的股数为 12.56 亿股，那么该公司的实收资本就是 12.56 亿元。不过也有例外，比如，紫金矿业股票的票面价格仅为 0.1 元。截至 2017 年年底，紫金矿业的股本数为 230.31 亿股，该公司的实收资本则为 23.03 亿元。在选择投资标的时，投资者还要多留意这些股票的股票总数和股本额情况。

（2）资本公积。

资本公积是指企业在经营过程中，由于接受捐赠、股本溢价以及法定财产重估增值等原因形成的公积金。例如，某个人赠予公司 100 万元，那么这 100 万元就会被计入资本公积。同样，常见的资本公积金还包括上市公司发行股票的溢价款。前面讲过，大多数上市公司的股票票面价格为 1 元，上市时其发行价会远远超过 1 元，那么这部分溢价款会被计入企业的资本公积金。

例如，某公司上市发行股票 2 000 万股，发行价格为 10 元，那么，其

资本溢价金 =（10–1）元 ×2 000 万 =18 000 万元

这 18 000 万元就会被计入资本公积金（不考虑其他税费支出）。也正是新股发行过程中会有大量的资本溢价金被计入资本公积，这部分资本公积未来有转增资本（送股）的可能，这也是促成投资者青睐新股的一个原因。

（3）盈余公积。

盈余公积是企业从税后利润中提取形成的、存留于企业内部、具有特定用途的收益积累。它指各种积累资金，包括法定盈余公积、任意盈余公积、法定公益金。通常情况下，企业每年可从净利润中提取 10% 左右的资金作为盈余公积。当企业的盈余公积金规模达到企业注册资本金的 50% 时，可不再继续提取。

这部分盈余公积金可用于弥补亏损或扩大生产经营，也可用于转增股本（有上市公司用盈余公积金转增股本、派送新股）。其实，很多时候财务报表出来后，投资者查看一下各个公司的资本公积金和盈余公积金的情况，就可以大致了解这家公司有无送股的可能。

（4）未分配利润。

未分配利润是企业留待以后年度分配或待分配的利润。未分配利润一般是企业当年净利润扣除盈余公积后可供投资者分配的部分。当然，目前很多上市公司不会将全部未分配利润分给投资者，毕竟很多公司都缺钱。

年报出台后，未分配利润越多的企业，分红的概率和额度相对越高。其实，这也是投资者寻找成长股的原因之一。

二、认识利润表

利润表是反映企业在一定会计期间经营成果的财务报表。在每个季度结束后，上市企业会公布该季度的收入与支出情况，并汇总计算出净利润和每股净收益。最终的利润数值固然重要，但其收入与支出的构成同样需要关注。

投资者借助【F10】功能，在【财务概况】选项卡内点击【利润表】，就可看到完整的利润表信息，如图 3-3 所示。

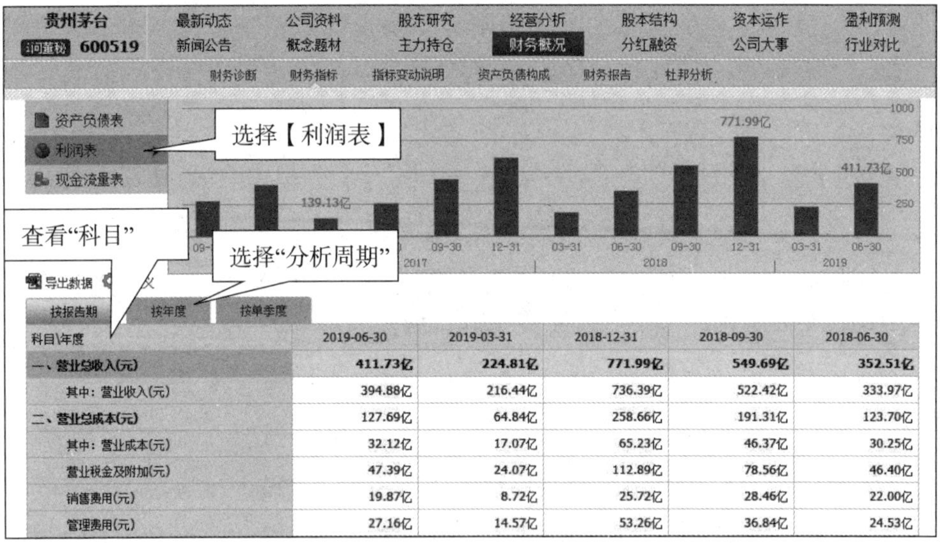

科目\年度	2019-06-30	2019-03-31	2018-12-31	2018-09-30	2018-06-30
一、营业总收入(元)	411.73亿	224.81亿	771.99亿	549.69亿	352.51亿
其中：营业收入(元)	394.88亿	216.44亿	736.39亿	522.42亿	333.97亿
二、营业总成本(元)	127.69亿	64.84亿	258.66亿	191.31亿	123.70亿
其中：营业成本(元)	32.12亿	17.07亿	65.23亿	46.37亿	30.25亿
营业税金及附加(元)	47.39亿	24.07亿	112.89亿	78.56亿	46.40亿
销售费用(元)	19.87亿	8.72亿	25.72亿	28.46亿	22.00亿
管理费用(元)	27.16亿	14.57亿	53.26亿	36.84亿	24.53亿

图 3–3　贵州茅台（600519）利润表

如图 3-3 所示，炒股软件中给出的利润表项目都是竖向排列的，同时给出多个报告周期数据。投资者可以对比各个周期的财务利润数据，以获得自己想要的信息。为了让读者更容易理解利润表，下面把利润表还原为普通样式。通常所说的利润表应该是表 3-2 所示的样子。

表 3–2　利润表

编制单位：　　　　　　　　　　　　　　　　　　　　　　　　会企 02 表

买入必涨有限责任公司　　　　　　2018 年 8 月 8 日　　　　　　单位：元

项　目	行次	本期金额	上年同期
一、营业收入	1	1 700 000.00	800 000.00
减：营业成本	2	1 300 000.00	600 000.00
营业税金及附加	3	50 000.00	10 000.00
销售费用	4	100 000.00	35 000.00
管理费用	5	50 000.00	20 000.00
财务费用	6	10 000.00	5 000.00
资产减值损失	7		
加：公允价值变动收益	8		
投资收益	9	50 000.00	
其中：对联营和合资企业投资收益	10		
二、营业利润	11	240 000.00	130 000.00
加：营业外收入	12	530 000.00	51 000.00
减：营业外支出	13	300 000.00	30 000.00
营业税金及附加	14	70 000.00	1 000.00
三、利润总额	15	400 000.00	150 000.00
减：所得税费用	16	80 000.00	30 000.00
四、净利润	17	320 000.00	120 000.00

利润表中的项目是按照自上而下排列的，各个项目给出的数值及增减关系一目了然。投资者要特别注意以下 5 个科目。

1. 利润表中的“营业收入”

营业收入指企业从事生产、经营活动取得的收入，这是一个判断企业成色的项目。营业收入越高，企业越专注于核心业务，未来可能获得的收入越高。反之，可能因为企业过分关注非主营业务（投资理财、变卖资产等）而导致主营业务不振，影响企业的长期盈利能力。

其实，比营业收入更有效的指标是主营业务收入。主营业务收入更能反映企业核心业务的收入情况，也比营业收入更可靠。不过，从目前上市公司披露的年报中，很难区分出主营业务和非主营业务，毕竟很多上市公司现在都是多元化运作。从专业化运作角度来看，一些专注于某一领域，且在领域内取得明显优势的企业，更应受到关注。

2. 利润表中的“营业成本”

营业成本是用来核算企业因销售商品、提供劳务等日常活动发生的成本。营业成本是与营业收入相对的概念。正常情况下，营业成本必然低于营业收入（没有谁会做赔钱的交易）。通过营业成本与营业收入的比较，投资者能看出企业成本控制情况。

3. 利润表中的“管理费用”

管理费用是指企业行政管理部门为组织和管理生产经营活动发生的各种费用，它是企业运营过程中一种相对稳定的支出。若企业没有出现大规模的调整（规模扩大、收购新的企业或裁员等），企业的管理费用应保持一定的稳定性。若某年或季度企业的管理费用出现异常增减，投资者需要仔细研判变化的原因，以及可能给企业收益带来的影响。

4. 利润表中的“销售费用”

销售费用是指企业销售商品和材料、提供劳务过程中发生的各种费用。它包括企业在销售商品过程中发生的保险费、包装费、展览费和广告费、商品维修费、运输费、装卸费，以及为销售本企业商品专设的销售机构（含销售网点、售后服务网点等）的职工薪酬、业务费、折旧费等经营费用。

随着企业对销售策划、广告宣传的日益重视，在企业开支中，广告费等销售费用占的比重越来越大。同时，因企业类型和推广策略不同，销售费用开支的规模和占营业收入的比重也不同。投资者应该研判销售费用与营业收入对比发生的异动。例如，某上市公司的销售费用一直占到营业收入5%左右，但某年占到约10%，这时投资者就要研判发生这种变化的原因，以及未来可能对企业收益带来的影响。

5. 利润表中的“财务费用”

财务费用是指企业为筹集生产经营所需资金等发生的费用。用通俗的话来讲，从别人手里借钱，是要付利息的。同样，从银行或企业金融机构借贷，上市公司也要偿付相当多的利息。通常情况下，企业融资规模越大，利息支出越多，财务费用也越高，这些财务费用会蚕食企业相当一部分盈利。

三、认识现金流量表

现金流量表是以现金为基础编制的反映企业一定会计期间内经营活动、投资活动和筹资活动等对现金及现金等价物产生影响的会计报表。它本质上是一张反映企业现金流入与流出的报表。

每季度结束后，上市公司会公开本季度的现金流量表。投资者可借助【F10】功能，在【财务概况】选项卡内，点击【现金流量表】查看完整的现金流量表信息，如图 3-4 所示。

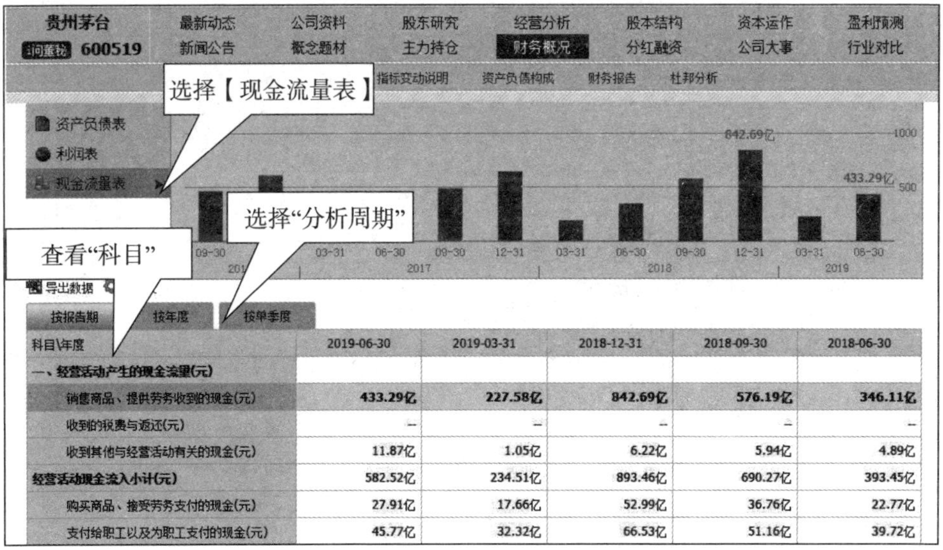

科目\年度	2019-06-30	2019-03-31	2018-12-31	2018-09-30	2018-06-30
一、经营活动产生的现金流量(元)					
销售商品、提供劳务收到的现金(元)	433.29亿	227.58亿	842.69亿	576.19亿	346.11亿
收到的税费与返还(元)	–	–	–	–	–
收到其他与经营活动有关的现金(元)	11.87亿	1.05亿	6.22亿	5.94亿	4.89亿
经营活动现金流入小计(元)	582.52亿	234.51亿	893.46亿	690.27亿	393.45亿
购买商品、接受劳务支付的现金(元)	27.91亿	17.66亿	52.99亿	36.76亿	22.77亿
支付给职工以及为职工支付的现金(元)	45.77亿	32.32亿	66.53亿	51.16亿	39.72亿

图 3-4　贵州茅台（600519）现金流量表

如图 3-4 所示，炒股软件中给出的现金流量表项目都是竖向排列的，同时给出多个报告周期数据。投资者可通过各个周期的现金流入与流出数据进行对比，以获得自己想要的信息。

为了让读者更容易理解现金流量表，下面把现金流量表还原为普通样式。也就是说，通常所说的现金流量表应该是表 3-3 所示的样子。

表 3–3 现金流量表

编制单位：　　　　　　　　　　　　　　　　　　　　会企 03 表
买入必涨有限责任公司　　　　2018 年 8 月 8 日　　　　单位：元

行次	项目	本期金额	其他说明
1	一、经营活动产生的现金流量		
2	销售商品、提供劳务收到的现金	1 797 000.00	
3	收到的税费返还		
4	收到的其他与经营活动有关的现金		
5	经营活动现金流入小计	1 797 000.00	
6	购买商品、接受劳务支付的现金	1 000 000.00	
7	支付职工及为职工支付的现金	450 000.00	
8	支付的各项税费	150 000.00	
9	支付的与经营活动有关的现金		
10	经营活动现金流出小计	1 600 000.00	
11	经营活动产生的现金净额	197 000.00	
12	二、投资活动产生的现金流量		
13	收回投资收到的现金		
14	取得投资收益收到的现金	50 000.00	
15	处置固定资产、无形资产和其他长期资产收回的现金净额		
16	处置子公司或其他营业单位取得的现金	1 900 000.00	
17	收到其他与投资活动有关的现金		
18	投资活动现金流入小计	1 950 000.00	
19	投资支付的现金		
20	取得子公司或其他营业单位支付的现金	727 000.00	

续　表

行次	项目	本期金额	其他说明
21	购买固定资产、无形资产和其他长期资产支付的现金净额	500 000.00	
22	支付其他与投资活动有关的现金		
23	投资活动现金流出小计	1 227 000.00	
24	投资活动产生的现金净额	723 000.00	
25	三、筹资活动产生的现金流量		
26	吸收投资收到的现金		
27	取得借款收到的现金	800 000.00	
28	收到的其他与筹资活动有关的现金	200 000.00	
29	筹资活动现金流入小计	1 000 000.00	
30	偿还债务支付的现金	490 000.00	
31	分配股息、红利或偿付利息支付的现金	10 000.00	
32	支付的其他与筹资活动有关的现金	300 000.00	
33	筹资活动现金流出小计	800 000.00	
34	筹资活动产生的现金净额	200 000.00	
35	四、汇率变动对现金及现金等价物的影响	—	
36	五、现金及现金等价物净增加额	1 120 000.00	
37	加：期初现金及现金等价物余额	880 000.00	
38	六、期末现金及现金等价物余额	2 000 000.00	

现金流量表中的项目是按照引起现金流量变动的原因自上而下排列的，各个项目给出的数值及增减关系一目了然。现金流量表主体由经营获得产生的现金流量、投资活动产生的现金流量和融资活动产生的现金流量 3 部分构成。其中，投资者要特别注意以下 3 个科目。

1. 现金流量表中的“销售商品、提供劳务收到的现金”

该项目反映的是当期因销售商品、提供劳务收到的现金。这里有两层含义：其一，因销售商品、提供劳务而形成的，企业其他业务形成的收入不能列入本项目。其二，当期收到的现金，该现金是当期收回到账的。即使当期已经签订销售合同、开具发票，但现金没有到账，仍然不能列入当期数据。反之，即使前几期形成的收入当期到账，也要列为当期收入。

企业实际收到现金的能力，反映企业在市场竞争中所处的位置（优势越明显，收到现金的能力就越强）及商业信誉情况（信誉好则获得的投资和融资现金也多）。总之，企业实际收到现金的能力，是企业整体盈利能力的一部分。

企业在销售货物或提供劳务活动时，由于多有欠款或预收账款，使得该项目的金额总会与利润表中的营业收入存在一定出入，投资者不必过于纠结两者之间的差异。

2. 现金流量表中的“收到的其他与经营活动有关的现金”

该科目作为企业“销售货物、提供劳务收到的现金”的补充，是一个需要投资者特别注意的科目。为了粉饰现金流量表，很多企业会在这个科目上做文章，给投资者一种经营现金流充裕的假象。很多炒股软件抓取的财务数据项目中，并没有“收到的其他与经营活动有关的现金”，投资者可通过查看上市公司财务报告了解具体数字。同时，还要知道这些现金来源是不是企业为了粉饰报表而暂时引入的现金。

这里提醒投资者注意：尽管炒股软件给出了各家上市公司大部分财务指标和指标变动的解释，但毕竟不是完整的财务报告。投资者要想对企业的财务情况进行全方位的了解，还是要看一看这些企业完整的财务报告。当然，还有会计师事务所和相关董事出具的意见。若某公司财务报告被会计师事务所出具“无法发表意见”“保留意见”等，则这类企业不应成为投资的备选标的。

3. 现金流量表中的“经营活动产生的现金净额”

这是整个现金流量表中最重要的一个科目。经营活动产生的现金净额为正值，说明经营活动产生的现金流入量大于现金流出量；反之，则说明经营活动产生的现金流入量小于现金流出量。通常情况下，一家正常经营的企业，其经营活动产生的现金净额应该是正值。只有经营活动产生的现金净额为正值，才能满足企业支付股息、利息、投资等需求。若企业经营活动产生的现金净额长期为负值，则企业必须采取扩大举债规模、削减投资规模、动用盈余积累等措施，这都可能导致企业未来盈利能力不足，也说明企业的经营状况不理想，这类企业很难成为投资候选标的。

第二节 股票基本的估值方法

以财务指标为基础的估值方法是股票估值方法中的主流选择。目前，经常使用的股票估值方法有市盈率估值法、市销率估值法和市净率估值法等。

一、市盈率估值法

1. 市盈率

目前，以市盈率为核心的估值方法是股票估值的主流方法。该方法以股票的每股盈利额和每股市价为核心。其具体计算方法如下。

市盈率 = 股价 / 每股收益

具体计算市盈率时，股价通常以最新股票报价为准，每股收益则以上一年度的每股收益为计算依据。市盈率反映按照当期股票收益，需要多少年能够收回投资成本。例如，以上一年度每股收益为依据，一只股票的市盈率为 20 倍，则说明按照该股上一年度每股收益，投资者需要 20 年才能拿回买入股票的成本。

市盈率分为动态市盈率和静态市盈率两种。通过炒股软件调出个股基本财务指标时，投资者就能看到这两个指标，如图 3-5 所示。

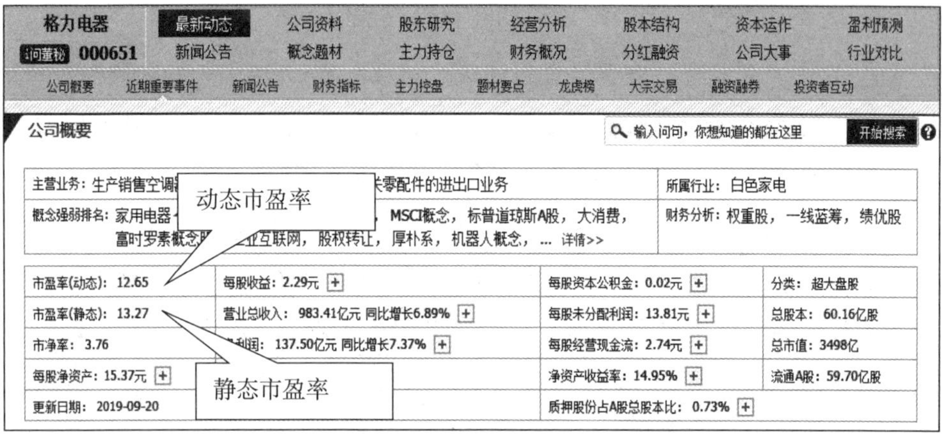

图 3-5 格力电器（000651）基本财务数据

（1）静态市盈率。

静态市盈率就是通常所说的市盈率，是将最新股价与上一年度每股收益相除获得的。静态市盈率反映的是以当前的盈利状态，投资者收回成本需要多少年的时间。通常情况下，市盈率越低，股票的投资价值越大，也即投资者可用更短的时间收回投资。不过，在具体实战中，不能简单地按照市盈率的高低来选择股票。

第一，行业不同，判断市盈率高低的标准也不同。银行业的市盈率普遍较低，不能因此断定所有的银行股票都是最具有投资价值的。反之，创业板股票的市盈率普遍较高，一则是因为创业板股票属于市场上的稀缺品，存在一定的溢价；二则是因为创业板股票往往被认为具有较高的成长性，市场资金愿意接受其高市盈率的情况。

第二，从反向来看待市盈率高低更能说明问题。一些高市盈率的股票得以存在，且涨势较好，说明市场资金愿意接受其高溢价，未来这类股票的股价可能会继续上升。因此，通过市盈率选择股票时，投资者必须学会辩证思考，不能一概而论。

下面来看一下格力电器的财务数据，如图 3-6 所示。

图 3-6 格力电器（000651）基本财务数据

从图 3-6 中可以看出，格力电器的市盈率在 13 倍左右。也就是说，投资者要想通过该股的每股盈利来收回投资成本，大约要用 13 年，当然，这不包括红利税等因素。其实，在 A 股市场上，这只股票的市盈率应该算是很低的了。下面再观察一下该股的日 K 线走势图，如图 3-7 所示。

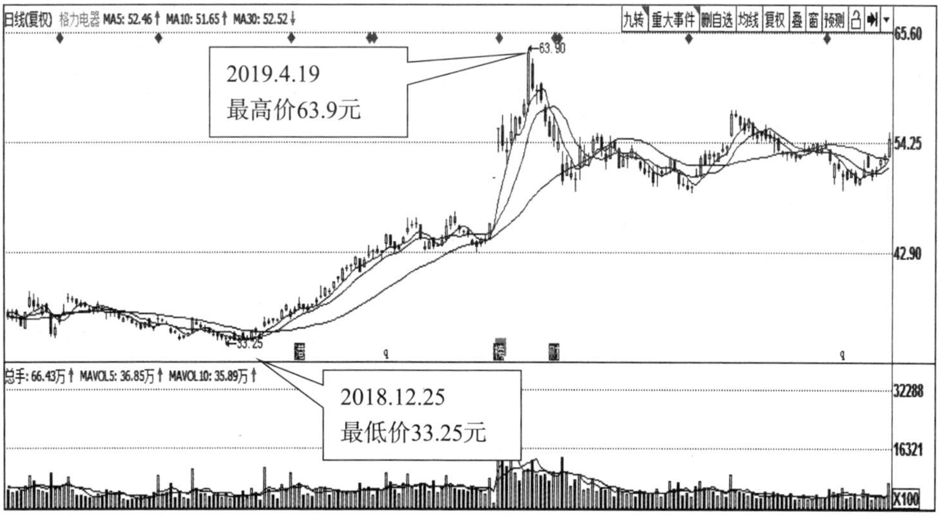

图 3-7 格力电器（000651）日 K 线走势图

从图 3-7 中可以看出，格力电器的股价自 2018 年 12 月 25 日的 33.25 元启动上升，至 2019 年 4 月 19 日，该股创下 63.9 元的高点。也就是说，在几个月的时间里，该股股价将近翻了 1 番。其实，这说明该股的低市盈率激发了很多投资者的追涨热情。但是，不能因此认为只有低市盈率的股票才是值得投资的，有时高市盈率的股票，恰恰是获得市场充分认可的标的。当然，这并不意味着市盈率越高越好，很多短线暴涨股，其上涨至顶部区域时，总会出现高市盈率的情况。

（2）动态市盈率。

动态市盈率是以静态市盈率为基准，经过动态调整获得的。其计算公式如下。

$$动态市盈率 = 静态市盈率 \times 动态系数$$

其中：动态系数 $=1/(1+i)^n$

i ——每股收益的增长性比率。

n ——企业可持续发展的持续期。

每股收益的增长性比率，可以根据企业以往的每股收益增长率进行估算。同时，还要对企业维持该增长率的年限进行预测。例如，预估某企业的每股收益增长率未来 5 年能维持在 20% 左右，且当前该股的市盈率为 50 倍，那么该股的动态市盈率为：动态市盈率 =50 倍 $\times[1/（1+20\%）^5]$=50 倍 ×0.4=20 倍。

也就是说，一只股票若能 5 年保持 20% 左右的增长率，那么其当前的 50 倍静态市盈率只相当于 20 倍动态市盈率。对大多数股票来说，20 倍市盈率是可以接受的一个市盈率倍数。由此可见，在选择股票时，一定要选择那些能够持续成长的股票，尽管这些股票的静态市盈率暂时较高，但长远来看，其市盈率并不算高。

当然，目前，很多炒股软件中标注的动态市盈率不是按照上述算法计算得出的，而是通过将最近一期的每股净收益推算至全年收益，进而计算得出的。例如，若某只股票第一季度的每股收益为 0.5 元，则系统会默认按照 0.5 元 ×4=2 元的基数计算动态市盈率数据。相对而言，这种算法比较简单，但非常不科学，没有多大的实际意义。

2. 应用市盈率来测算股票的目标价格

应用市盈率测算股票目标价格时，需要依托 3 个基本要素，即每股收益、市盈率以及预期未来的净利润增长率。

每股收益，是测算市盈率和股票目标价格的基础，也是进行股票投资时需要参照的最重要的一个指标。在大多数炒股软件财务概况页面中，都会给出当期的每股收益数据。借助【F10】功能，在【财务概况】选项卡内点击【主要指标】，可以看到每期核心的财务指标数据，如图 3-8 所示。

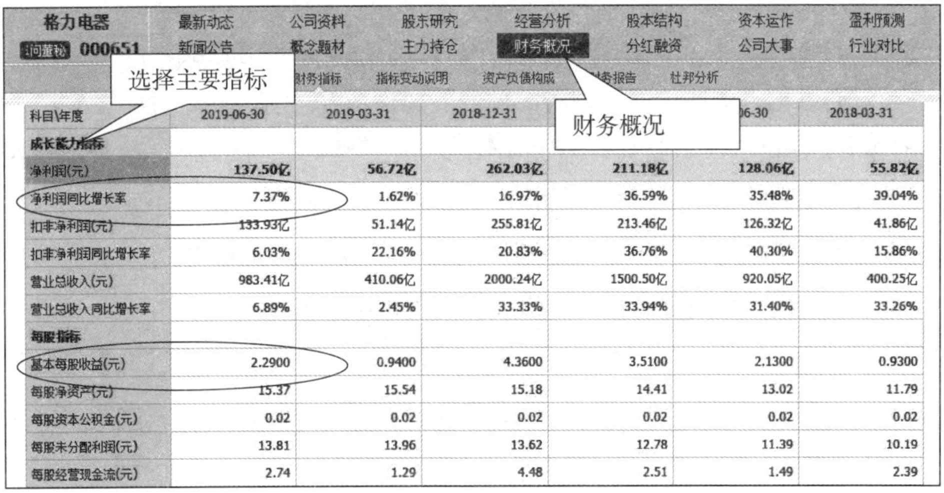

科目\年度	2019-06-30	2019-03-31	2018-12-31	[illegible]	06-30	2018-03-31
成长能力指标						
净利润(元)	137.50亿	56.72亿	262.03亿	211.18亿	128.06亿	55.82亿
净利润同比增长率	7.37%	1.62%	16.97%	36.59%	35.48%	39.04%
扣非净利润(元)	133.93亿	51.14亿	255.81亿	213.46亿	126.32亿	41.86亿
扣非净利润同比增长率	6.03%	22.16%	20.83%	36.76%	40.30%	15.86%
营业总收入(元)	983.41亿	410.06亿	2000.24亿	1500.50亿	920.05亿	400.25亿
营业总收入同比增长率	6.89%	2.45%	33.33%	33.94%	31.40%	33.26%
每股指标						
基本每股收益(元)	2.2900	0.9400	4.3600	3.5100	2.1300	0.9300
每股净资产(元)	15.37	15.54	15.18	14.41	13.02	11.79
每股资本公积金(元)	0.02	0.02	0.02	0.02	0.02	0.02
每股未分配利润(元)	13.81	13.96	13.62	12.78	11.39	10.19
每股经营现金流(元)	2.74	1.29	4.48	2.51	1.49	2.39

图 3-8　格力电器（000651）核心财务指标

未来的净利润增长率是一个非常关键的指标，也是对一只股票估值的关键指标。未来净利润增长率的确认需要结合以下两点。

其一，该只股票的历史净利润增长率。比如，一只股票在之前的 5 年里都保持了 25% 左右的净利润增长率，投资者就可以以 25% 为增速测算每股净收益的变化情况。

其二，判断该只股票有无业绩拐点出现。例如，某只股票在之前的几年内保持了 40% 左右的增长率，但是某一年直接下降至 10%，甚至出现负数，则需要重新评估该企业的成长情况。投资者不能简单地将历年的增长率做一个简单的算术平均。如果某一企业在某年上市了新产品，并开始带动净利润大幅上升，则需要将预测的净利润增长率适当调高。

总之，在预测股票未来的增长情况时，无法做到精准，只要大致符合企业发展的大趋势即可。

最后一个指标就是前面曾经提到的市盈率。投资者需要为某只股票划定一个大致的市盈率变动区间。当股票的市盈率低于区间下限时（如15倍），可考虑建仓；当股票的市盈率高于某一上限时（如30倍），可开始减仓。不过，由于企业所处行业不同，市盈率水平存在一定的差别。在研判个股的市盈率水平时，投资者可以参照行业平均水平。例如，当个股的市盈率水平明显低于行业平均水平时，可看成较佳的买入时机；反之，可考虑减仓操作。

下面以格力电器为例来进行简单的股票估值。

2018年格力电器每股收益为4.36元，在过去3年时间里，该股的每股收益增长率保持在15%以上。2019年8月，格力电器公布的中报显示，每股收益为2.29元，比上一年度同期上升了7.37%。通过财务解读可知，该股业绩增速缓慢与企业规模过大、增收愈发困难有关。

2019年6月，家用电器的平均市盈率为16.5倍左右。此时，格力电器的股价为58元左右，市盈率为13倍左右。这说明与行业同类企业相比，格力电器仍具有较佳的投资价值。

不过，若考虑该股中报2.29元的每股收益，可以大致预判2019年的每股收益至少在2.29元 ×2=4.58元以下（空调作为格力电器的主要产品，一般上半年的销量较高）。若以4.58元和行业平均市盈率16.5倍为基准，则可测算该股到2019年年底的股价大致应为：目标股价=4.58元×16.5=75.57元。

也就是说，当前的股价存在一定的低估。

当然，以半年报7%左右的增长率为年度增长率，以2018年每股收益的4.36元为基准，可大致预估2019年的每股收益为4.36元 ×（1+7%）≈4.67元。进而可大致推算2019年年底的目标股价为4.67元 ×16.5≈77.06元。

若考虑年底结算的因素，按照10%左右的增长率，以2018年每股收益的 4.36 元为基准，可大致预估 2019 年的每股收益为 4.36 元 ×（1+10%）≈4.8 元。进而可大致推算 2019 年年底的目标股价为 4.8 元 ×16.5≈79.2 元。

即使按照下线保守估价，格力电器的股价也存在一定的低估。也就是说，当前该股股价低于目标价水平，是值得购入的目标标的。

二、市销率估值法

目前，以市盈率为核心的估值方法是使用最为广泛的一种方法。不过，相对一些市场占有率较高，成长性较强，但暂时净利润水平较低的公司而言，市盈率并非最好的选择。从历史经验来看，一些高新科技企业在成长初期都经历了低利润水平时期，而且很多后来的大牛股也曾经历了一段低利润或负利润时期。正因如此，很多投资者开始倾向使用市销率来替代市盈率，以估算股票的价值。

市销率的计算公式如下。

市销率 = 上市公司市值 / 上一年度营业收入

市销率反映了投资者愿意为每 1 元营业收入支付的购买股票的成本。对评估一个处于成长初期的企业，市销率指标具有重要价值。比如，为了迅速抢占市场份额，很多初创企业往往会采取暂时牺牲利润的方法，待企业的市场占有率提升到一定水平甚至达到垄断地位后，再反向提升净利润水平。其实，很多互联网企业在初创时期都采用这种策略，特别是很多新兴产业的公司，为了抢夺客户不惜采用支付补贴的方式来抢占市场。这些企业的财务报表有一个显著特征，即营业收入快速增长，净利润水平却相对较低，甚至亏损。若按照市盈率进行估值，这类企业可能价格会极低，但是其营业收入可以支撑其高股价。

通常情况下，相对于净利润，企业的营业收入更具稳定性，这就为评估企业的长期价值提供了一个重要参考。下面以美的集团为例进行说明。

美的集团 2018 年的销售收入为 2 600 亿元左右，相比上一年度增长了 8%。2019 年 6 月，美的集团的市值为 3 550 亿元。那么，该股的市销率为 3 550/2 600≈1.37（倍）。

目前，消费板块股票的市销率普遍较低，特别是一些龙头股的市销率普遍在 3 倍以下（特殊股票除外）。相对而言，在整个消费板块中，美的集团具有很强的估值吸引力。

行业不同，单纯地进行市销率对比是没有意义的。很多钢铁企业的市销率往往比较低。例如，宝钢股份 2018 年的营业收入为 3 050 亿元，2019 年 6 月，其市值仅为 1 463 亿元，也就是说，宝钢股份的市销率不到 0.5 倍。投资者不能仅仅因为市销率低而买入一些钢铁股或银行股，要考虑企业的发展周期。对于一家已经进入成熟期的企业来说，市销率的意义并不大；对那些发展初期，净利润较低的企业，市销率低才有意义。

三、市盈率相对盈利增长率（PEG）

市盈率相对盈利增长率（PEG），是通过上市公司的市盈率除以盈利增长率获得的数值。该指标最先由英国投资大师吉姆·斯莱特提出，后来由美国投资大师彼得·林奇发扬光大。其计算公式如下。

PEG= 市盈率 / 净利润增长率

吉姆·斯莱特将 1 看成 PEG 指标的重要临界值。当投资标的的 PEG 小于 1 时，才有投资价值，若能小于 0.5 更佳。彼得·林奇也曾指出，最理想的投资对象，其 PEG 值应该低于 0.5。PEG 在 0.5~1 之间，是安全范围。PEG 大于 1 时，就要考虑该股有被高估的可能。

相比单纯的市盈率数值，PEG 指标更具有可操作性。在具体实战操作中，投资者需要关注 3 个重要节点。

第一，历史 PEG 值。

投资者可对目标标的以往 3 年的 PEG 值进行计算，获得一个历史数据，并为判断当前 PEG 值所处的位置提供依据。

第二，计算当前 PEG 值。

当前 PEG 值是用来研判目标标的处于当前价位时是否具有投资价值。一旦发现目标标的的 PEG 值小于 1（小于 0.5 更好），可考虑执行买入操作。

第三，预测未来 PEG 值。

预测未来的市盈率和净利润增长率并不容易，投资者可借助其他投资研究机构给出的数值，也可根据企业以往的财务数据进行估算。当然，估算的数值并不要求十分精确。然后，投资者根据估算的数值计算未来的 PEG 值。

下面来看一下伊利股份的案例，如图 3-9 所示。

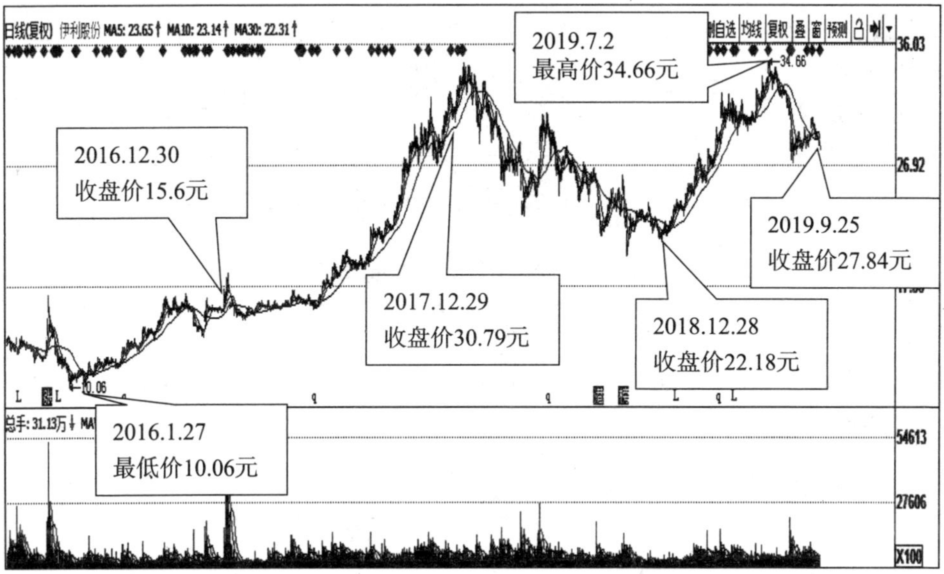

图 3–9　伊利股份（600887）日 K 线走势图

为了更准确地判断当前 PEG 值所处的位置，投资者需要研判以往 3 年（2016 年到 2018 年年底）的 PEG 值，以及近几年的股价历史高点 PEG 值和历史低点 PEG 值。下面再来看一下该股的财务数据，如图 3-10 所示。

下面可以根据财务报表中的数据，获得每个时间点的 PEG 值。另外，2016 年 1 月 27 日的 PEG 值可以根据上年度（即 2015 年）每股收益计算获得。同理，2019 年 7 月 2 日的 PEG 值，可以根据 2018 年度的每股收益计算获得。如表 3-4 所示。

伊利股份 问董秘 600887 最新动态 新闻公告 公司资料 概念题材 股东研究 主力持仓 经营分析 财务概况 股本结构 分红融资 资本运作 公司大事 盈利预测 行业对比

财务诊断 财务指标 指标变动说明 资产负债构成 财务报告 杜邦分析

按报告期 按年度 按单季度

科目\年度	2018	2017	2016	2015	2014	2013
成长能力指标						
净利润(元)	64.40亿	60.01亿	56.62亿	46.32亿	41.44亿	31.87亿
净利润同比增长率	7.31%	5.99%	22.24%	11.76%	30.03%	85.61%
扣非净利润(元)	58.78亿	53.28亿	45.27亿	40.18亿	37.68亿	22.01亿
扣非净利润同比增长率	10.32%	17.70%	12.66%	6.65%	71.19%	65.63%
营业总收入(元)	795.53亿	680.58亿	606.09亿	603.60亿	544.36亿	477.79亿
营业总收入同比增长率	16.89%	12.29%	0.41%	10.88%	13.93%	13.78%
每股指标						
基本每股收益(元)	1.0600	0.9900	0.9300	0.7600	1.3500	1.6500
每股净资产(元)	4.59	4.13	3.81	3.30	6.08	7.89
每股资本公积金(元)	0.47	0.46	0.41	0.41	2.12	3.69
每股未分配利润(元)	2.58	2.32	2.03	1.61	2.59	2.76
每股经营现金流(元)	1.42	1.15	2.11	1.57	0.80	2.68

图 3-10 伊利股份（600887）财务数据

表 3-4 PEG 值对照表

时间	2019.7.2	2018.12.28	2017.12.29	2016.12.30	2016.1.27
股价（元）	34.66	22.18	30.79	15.6	10.06
每股收益（元）	1.06（2018）	1.06	0.99	0.93	0.76
市盈率	32.7	20.92	31.1	16.77	13.24
盈利增长率（%）	7.31	7.31	5.99	22.24	11.76
PEG 值	4.47	2.86	5.19	0.75	1.13

从表 3-4 中可以看出，该股 PEG 值的波动范围较大，从 0.75 到 5.19 不等。其中，股价与市盈率均创新高的 2019 年年中时段，PEG 值尽管处于较高阶段，却不是最高的；2017 年年底 PEG 值较高，不过两者较为接近。这说明 PEG 值超过 3 之后，股价就会进入高估区域。

下面再来看一下当期的 PEG 值。以 2019 年 9 月 25 日为基准计算 PEG 值。2019 年 9 月 25 日的收盘价为 27.84 元，2018 年年末的每股收益为 1.06 元，净利润增长率为 7.31%。那么，该股当日的市盈率为 26.26 倍，PEG 值即为 26.26/7.31 ≈ 3.59。

也就是说，2019 年 6 月 25 日的 PEG 值高于 2018 年年底的 PEG 值，但接近最近两年 PEG 值的高点，距离 PEG 值低点较远，说明该股投资价值一般。

接下来，还可以对该股未来的 PEG 值进行预测。根据该股的历史利润增长率情况，可以将未来 1 年的利润增长率预测值设定在 7%~9%，其市盈率可能维持在 20~30 倍。也就是说，该股 PEG 值很可能在 3 左右，未来 1 年内，该股的投资价值一般。

不过，在选择股票时，投资者不能仅用一个标准来做判断，还需参考其他因素。特别是一些净利润增长率浮动较大的个股，更应该从多角度研判其投资价值。

四、市净率估值法

消费者买入某个物品之前，肯定会先看看这件物品到底值多少钱。没有人愿意花高价购买便宜货。同样，投资者在选择投资标的时，要选择那些价值明显低估、投资价值较高的股票。

市净率指的是每股股价与每股净资产的比率。市净率可用于股票投资分析。一般来说，市净率较低的股票，投资价值较高；反之，投资价值较低。但在判断投资价值时，还要考虑当时的市场环境以及公司经营情况、盈利能力等。其计算公式如下。

市净率 = 每股股价 / 每股净资产

通常情况下，市净率为 1 是一个比较重要的临界点。

市净率小于 1，说明股票的股价低于每股净资产。换句话说，如果这家公司按照净资产值出售，那么以股价买入该股肯定盈利。不过，一只股票的市净率低于 1，说明该股的盈利能力不足，并未获得市场认可，这类股票可能在相当长的时间内涨幅十分有限。当然，若是暴涨行情来临，这类股票的价格会跟着水涨船高。

市净率大于 1，说明相对股票对应的净资产，当时的股价存在一定的溢价。不过，市场上大多数投资者愿意以高于净资产的价格买入股票，说明市场认可其价值。

当然，与资产负债率相似，很难直接用市净率来筛选股票。如果借助炒股软件直接对市净率从低到高排名，投资者就会发现，大量的银行股、钢铁股、能源股都属于低市净率范畴，如图 3-11 所示。

	代码	名称	涨幅%	现价	涨跌	卖价	量比	TTM市盈率	净利润?	市净率	总市值	流通市值
28	601988	中国银行	-1.04	3.80	-0.04	3.81	0.69	6.49	1724亿④	0.802	11187亿	8009亿
29	000926	福星股份	+0.47	8.62	+0.04	8.62	1.07	10.56	2.31亿①	0.802	[illegible]75亿	81.75亿
30	601166	兴业银行	-1.89	16.13	-0.31	16.14	1.40	5.77	176.6亿①	0.817	[illegible]亿	3073亿
31	600027	华电国际	+0.58	3.47	+0.02	3.47	1.09	79.57	4.30亿④	0.820	3[illegible]	235.4亿
32	000543	皖能电力	+1.33	4.58	+0.06	4.58	1.07	31.80	8576万①	0.825	[illegible]	[illegible]
33	600811	东方集团	-0.23	4.43	-0.01	4.44	1.00	22.87	4.90亿③	0.831	[illegible]	[illegible]
34	601107	四川成渝	-0.52	3.79	-0.02	3.79	0.52	13.05	8.88亿④	0.834	[illegible]	[illegible]
35	000536	华映科技	+1.06	3.83	+0.04	3.84	1.44	51.68	-1.25亿㊇	0.834	105.9亿	76.72亿
36	001896	豫能控股	-0.43	4.64	-0.02	4.65	1.07	99.73	-2.02亿㊇	0.840	53.39亿	39.68亿
37	600823	世茂股份	-1.01	4.88	-0.05	4.87	0.82	8.23	22.25亿④	0.842	183.1亿	183.1亿
38	600166	福田汽车	+0.00	2.42	+0.00	2.42	0.54	144.2	1.12亿④	0.852	161.4亿	161.4亿
39	601998	中信银行	-1.23	6.40	-0.08	6.41	0.66	7.36	425.7亿④	0.859	3132亿	2042亿
40	600508	上海能源	+0.47	10.70	+0.05	10.70	1.11	14.90	5.19亿④	0.864	77.33亿	77.33亿
41	600000	浦发银行	-1.02	11.66	-0.12	11.66	0.78	6.28	542.4亿㊅	0.866	3422亿	3277亿
42	000157	中联重科	+0.00	4.18	+0.00	4.18	0.72	24.46	3.80亿㊇	0.867	325.8亿	260.2亿
43	000959	首钢股份	+1.14	4.45	+0.05	4.45	1.14	10.61	5.05亿①	0.867	235.4亿	132.0亿
44	600510	黑牡丹	-0.31	6.36	-0.02	6.38	0.54	14.11	5104万①	0.874	66.60亿	50.60亿
45	000521	美菱电器	+0.23	4.27	+0.01	4.28	0.81	162.6	5626万①	0.874	44.60亿	34.25亿
46	600266	北京城建	-1.01	10.79	-0.11	10.81	0.90	11.61	14.56亿④	0.880	169.1亿	169.1亿
47	000937	冀中能源	-0.82	4.81	-0.04	4.81	0.67	15.97	10.64亿④	0.881	170.0亿	139.8亿
48	000850	华茂股份	+0.00	4.20	+0.00	4.21	0.52	38.10	9000万㊇	0.882	39.63亿	39.62亿
49	600997	开滦股份	-0.76	5.19	-0.04	5.19	0.83	15.95	5.17亿④	0.886	82.41亿	64.08亿
50	600123	兰花科创	-1.84	7.47	-0.14	7.47	1.07	11.33	1.95亿①	0.887	85.34亿	85.34亿
51	000898	鞍钢股份	-0.63	6.36	-0.04	6.36	0.57	7.51	15.90亿①	0.892	460.1亿	391.1亿
52	000761	本钢板材	-1.15	4.30	-0.05	4.30	0.63	10.11	3.51亿①	0.894	166.6亿	117.6亿
53	600219	南山铝业	-0.63	3.17	-0.02	3.18	0.33	18.20	16.11亿④	0.896	293.3亿	224.7亿
54	600919	江苏银行	-1.10	7.17	-0.08	7.18	0.94	6.97	118.7亿④	0.908	827.7亿	424.7亿

市净率由低到高

图 3-11　市净率由低到高排名（2018.4.25）

从图中可以看出，截至 2018 年 4 月 25 日，A 股市场上出现了多只市净率低于 1 的股票。不过，这些股票多是一些占用资产较高的银行股、能源股和钢铁股。这些股票的市净率低于 1，固然有整个股市行情不振的因素，也有自身资产较重，盈利能力不足的原因。反之，若股票市净率较高，一则存在过度炒作的可能，二则也说明市场认可其未来的盈利能力。

市净率可以作为投资者筛选投资标的的一个剔除性指标。市场上，普遍将 3 倍左右的市净率看成一个比较健康的比率。市净率太高（如超过 10 倍），说明股价偏离股票内在价值较多，未来有回调的可能。投资者在操作时，可从上市公司中剔除那些市净率超过 10 倍的股票。当然，若大盘出现大幅上涨行情，市净率则必然水涨船高，这时市净率的标准可以设定得更高一些。当大盘上涨至较高水平，整个市场的市净率超过 10 倍时，就不再是进场的时机了。

第三节 选择具有显著竞争优势的企业

具有显著竞争优势的企业，是指那些在过去建立起来的，具有明显与其他同类企业相区分的某种竞争优势的企业。这些企业的竞争优势必须是其他企业不具备的，也不可能与之比拟的。也就是说，这些企业具有特许经营权。拥有这种竞争优势的企业，相当于掌握了非对称打击力量，在与竞争对手的竞争中可以轻松取胜。这种竞争优势可以是技术，也可以是品牌或产品配方等。

关于特许经营权，巴菲特在1991年致股东的信中给出了清晰定义：“有着市场特许经营权的产品和服务具有以下特质：（1）它被人们需要或渴求；（2）被消费者认为找不到其他替代品；（3）不受价格管控的约束。企业是否存在以上3个特质，可以从企业能否定期且自由地对其产品与服务定价，从而赚取较高的资本回报上看出来。此外，特许事业能够容忍不当的管理。低能的经理人尽管会降低特许事业的获利能力，但不会对其造成致命的伤害。”在A股市场上，拥有国家级绝密配方的云南白药、片仔癀，无疑都属于拥有特许经营权的典型。

通常情况下，特许经营权大都能够给企业带来相当大的利润。不过，并不是每个拥有特许经营权的企业，其股价都会不断走高。投资者还需要关注以下3点。

第一，特许经营权的可持续期。有些特许经营权可能会一直存在，而有些特许经营权会有一定的期限。这就如同专利保护期一样，一旦企业持有的特许经营权到期，那么企业的高回报就无法持续。

第二，特许经营权的价值大小。有些企业的特许经营权获得的收益相对较小，而企业的支出可能很大，对投资者而言，这种特许经营权就要大打折扣。例如，很多经营高速公路的上市公司，理论上拥有较佳的特许经营权，但这种特许经营权获得收益不得不去支付大量的人工成本（收费员工资）、公路贷款以及公路维护费用等。

第三，内部成本控制水平。虽然特许经营权可以为企业带来丰厚的回报，但是若企业内部成本控制做得不到位，仍有可能出现连年效益不佳的情况。

下面来看一下中国国旅的案例。

中国国旅是一家旅行社业务种类最为齐全的大型综合旅行社运营商，集旅游服务及旅游商品相关项目的投资与管理，旅游服务配套设施的开发、改造与经营，旅游产业研究与咨询服务为一体的大型股份制企业。

中国国旅从事的旅游行业，竞争非常激烈，利润率极低。真正让中国国旅获利丰厚的项目并非旅游项目，而是各大机场的免税店。免税店贡献的营收和净利润，达到中国国旅全部营收和净利润的 97% 以上。中国国旅拥有唯一的全国经营许可，这就说明其具有了其他企业不具备的特许经营权。

近几年，中国国旅的净资产收益率都维持在 15% 以上的水平，2018 年更是达到 20%，这说明该股成长性良好。再来看一下该股的日 K 线走势图，如图 3-12 所示。

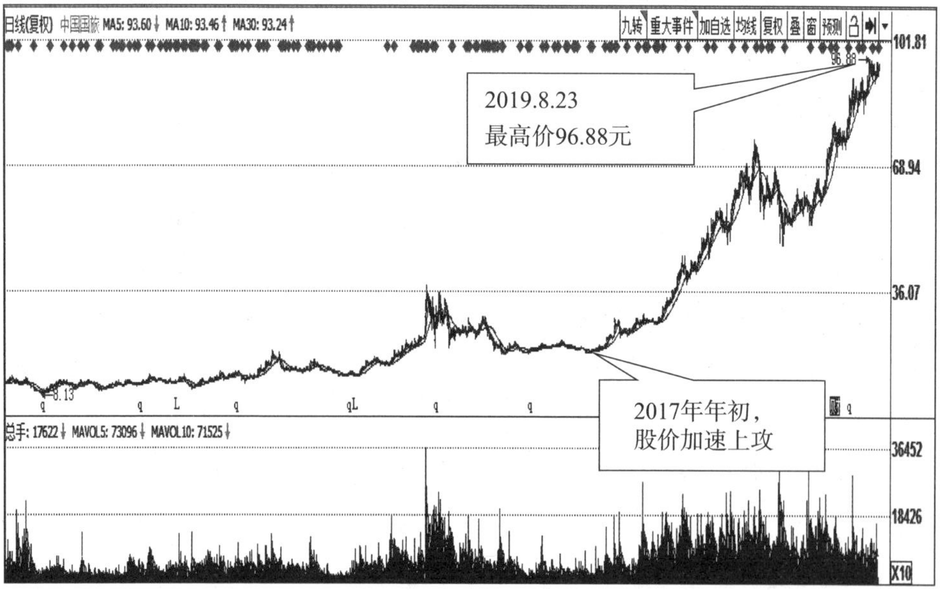

图 3–12　中国国旅（601888）日 K 线走势图

从图中可以看出，中国国旅的股价在其上市后一直呈震荡上升状态。该股股价每次创下一个新高后，都会有一个回调动作，其后再度创出新高，如此往复。2017年年初，该股股价加速上攻，其实这与免税店的营收和净利润加速有关。

在A股市场上，特许经营权主要表现为拥有高技术壁垒、垄断性优势以及强大的品牌优势等。

一、大众消费品龙头企业

大众消费品领域，是一个孕育无数投资机会的领域。很多大型巨无霸企业都来自这一领域。在这一领域中，竞争往往特别激烈，获利最为丰厚的往往是那些龙头企业。若能在合适的机会买入消费品领域垄断公司的股票是最好的。若没有机会，购入一些消费品领域的龙头企业股票也是不错的选择。

1. 大众消费品龙头企业的特征

大众消费品龙头企业的特征包括以下4类。

第一，企业主要产品属于大众消费领域，都是大家日常消费所需的，市场极为广阔，而且随着消费升级，企业未来的成长空间更大。

第二，这些龙头企业都是在激烈的竞争中杀出重围的胜利者，往往能比竞争对手更加敏锐地了解市场动向，具备更强的获利能力，这可以使其在未来的竞争中再次取胜。

第三，资金周转速度快，是消费品领域的一个显著特征。企业新生产的产品可以很快地到达终端消费者手中，资金也会随之回流到企业。这就保证了消费品领域的企业往往具有较为充沛的现金流。

第四，单品利润低，总体利润高。在大众消费品领域，价格往往成为消费者购买决策的重要影响因素。身处大众消费品领域的企业，往往都经历了较为惨烈的价格战，这就使得这些企业的单品利润较低。但由于市场广阔，总体销量非常庞大，企业的整体利润水平较高。

2. 大众消费品龙头企业分析要点

大众消费品龙头企业，往往能够获得较为丰厚的利润，这是其总能获得市场资本青睐的原因。投资者需要关注以下 3 点。

第一，企业营收与回款情况。不进则退，是消费品企业生存的法则。尽管这些龙头企业可能已经有了较大的消费规模，若营业收入不能持续增长，仍有被后起者反超的可能，因而要想生存，只能比别人跑得更快。同时，现金流是一个企业的血液，若没有现金储备和稳定的现金流，企业就存在失血过多的可能。在分析这类企业时，投资者需要重点关注营业收入增长率和现金流情况。

第二，核心产品竞争能力。尽管大众消费品领域的龙头企业产品不止一类，但按照“二八法则”，一家企业 80% 的利润往往是由最核心的 20% 产品贡献的。在分析这类企业时，投资者需要从该企业最核心的产品入手，分析这些核心产品在市场上的竞争力，包括单品销售增长率、单品利润率、竞品销量等。

第三，内部成本控制水平。相比其他企业，大众消费品中的龙头企业更应该是内部成本控制水平较高的企业。身处一个单品利润率较低的行业，若不能很好地控制成本，企业的盈利就会变得异常困难。

下面来看一下海天味业的案例。

海天味业是调味品领域的龙头企业。目前，公司生产的调味品涵盖了酱油、调味酱、蚝油、鸡精鸡粉、味精、调味汁等多个系列。其中，酱油、调味酱、蚝油是公司最主要的产品。“海天”品牌先后获得国家工商行政管理局“驰名商标”、中国商务部“中华老字号”和“最具市场竞争力品牌”。

近几年来，海天味业的净资产收益率和销售毛利率一直保持在较高水平，净资产收益率连年保持 30% 以上的增长速度，销售毛利率更是超过 40%，说明该股具有极佳的成长性。下面来看一下该股的日 K 线走势图，如图 3-13 所示。

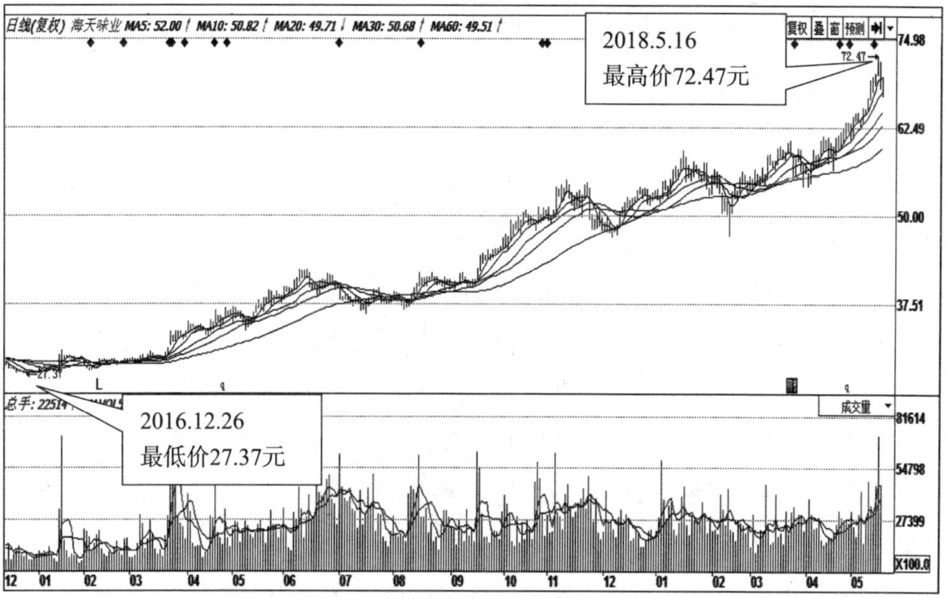

图 3-13　海天味业（603288）日 K 线走势图

从图中可以看出，2016 年 12 月底，海天味业的股价以 27.37 元启动上涨，到了 2018 年 5 月 16 日，到达 72.47 元的高位，股价翻了近 3 倍。

二、垄断性优势

垄断性优势，有时会与高技术壁垒、品牌优势重合，是一种绝对的竞争优势。若市场上只有一家企业能够给消费者提供所需的商品，那么这家企业就拥有绝对的垄断性优势。

1. 垄断性优势的特征

垄断性优势具有如下 3 个特征。

第一，作为市场上某种商品的唯一供应商，消费者没有过多的选择。

第二，消费者愿意为其商品提供相应的价格。

第三，市场上没有较好的替代品。

具有垄断性优势的企业往往都具备以上 3 个特征。这种垄断性优势会体现在企业的财务报表上，即企业财务利润持续、稳定地上升。当然，这类企业往往会成为市场上各路资金争抢的宠儿。

2. 垄断性优势分析要点

通常情况下，垄断性优势都能给企业带来相当大的利润。不过，并不是每个拥有垄断性优势的企业的股价都会不断走高。投资者需要关注以下3点。

第一，业务多元化程度。上市公司业务多元化已经是非常普遍的现象，但在涉足其他领域时，垄断性企业往往会显得力有不逮，不仅不会扩大自己的战果，还可能让这部分新增业务蚕食垄断业务的利润。在分析具有垄断性优势企业时，要重点考虑其垄断性业务在整个营收体系中所占的比重。

第二，垄断优势的可持续性。垄断优势持续的时间越长，企业收益越大。不过，从历史经验来说，一家企业拥有的垄断优势会有时间限制，如某项技术被其他企业超越，或者替代品的出现直接打破垄断局面等。

第三，内部成本控制水平。虽然垄断优势可以为企业带来丰厚的回报，但如果企业内部成本控制做得不到位，仍有可能出现连年效益不佳的情况。

下面来看一下安琪酵母的案例。

安琪酵母是从事酵母、酵母衍生物及相关生物制品经营的国家重点高新技术企业。该公司的酵母系列产品，占国内酵母市场的55%左右，在烘焙领域，市场占有率接近70%，属于名副其实的垄断性企业。

2018年前后，安琪酵母的净资产收益率维持在20%左右。再来看一下该股的日K线走势图，如图3-14所示。

从图中可以看出，安琪酵母的股价在其上市后一直呈震荡上升状态。该股股价每次创下一个新高后，都会有一个回调动作，其后再度创出新高，如此往复。该股股价从2012年12月4日的3.54元（复权后价格），经过5年多的时间上涨至2018年5月29日的38.88元，股价上涨10倍有余。由此可见，对于投资者来说，选择一只具有垄断性优势的股票，往往会有较为丰厚的回报。

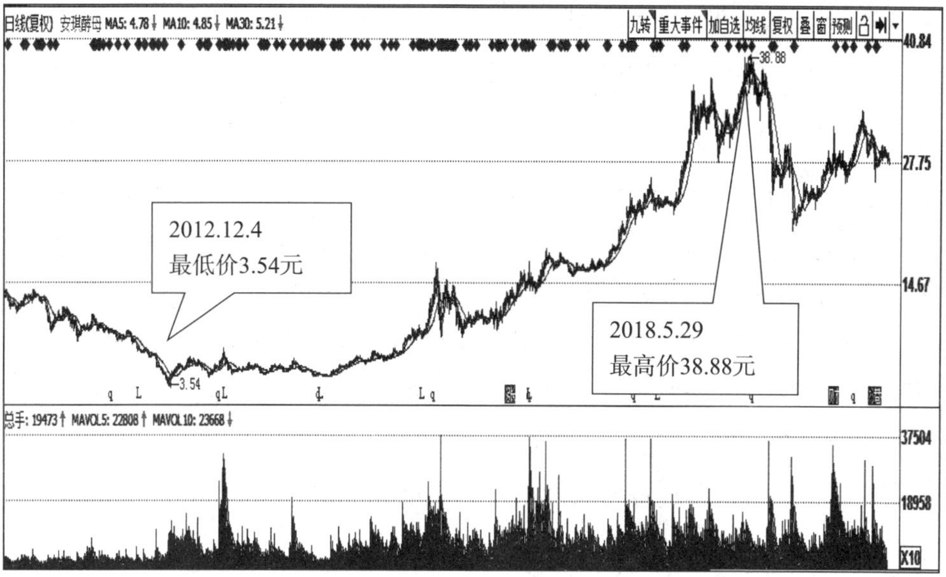

图 3–14　安琪酵母（600298）日 K 线走势图

三、强大的品牌优势

品牌优势是企业诸多优势中最重要的一种。强势的品牌可以轻松占领消费者的心智资源。当消费者购买商品时，这些强势品牌理所当然地成为首选。例如，想要购买高档白酒时，自然会想到贵州茅台、五粮液等品牌；想要购买家用电器时，可能会想到海尔、格力等品牌。一家企业若能在某一细分领域建立强大的品牌优势，往往会收获丰厚的超额利润。

1. 品牌优势的类别

拥有品牌优势的企业包括以下两类。

第一，通过历史传承获得的老品牌。这类品牌的价值是难以估量的，因为它们都是经过历史检验的。这些品牌给企业带来的收益也是无法估算的，例如一些中华老字号品牌，如贵州茅台、五粮液、泸州老窖、剑南春等。

第二，通过自身努力逐渐建立起来的品牌。这类品牌是随着企业生产产品以及服务质量的提升，逐渐在消费者心目中建立起来的。当然，广告宣传也起到了相当大的作用。例如，格力、美的、海尔、小天鹅等。这种品牌优势一旦建立，将会很容易地从众多竞争品牌中脱颖而出，成为消费者购物的首选。

2. 品牌优势分析要点

通常情况下，品牌优势都能给企业带来相当大的利润。不过，在利用品牌优势选择投资标的时，投资者还要考虑以下 3 点。

第一，品牌强势程度。只有品牌强势程度高，才能赢得更多的超额收益。其实，几乎所有的企业都有自己的品牌，而且有些企业的品牌确实存在较高的知名度和美誉度，但这与具有品牌优势的企业存在明显差别。具有品牌优势的企业，是可以单纯凭借品牌赚钱的。也就是说，消费者一见到该品牌，就会无条件地接受。

第二，品牌的维护情况。具有品牌优势的企业，如同一个有良好信誉的个人。个人的行为举止，可能会为自己的信誉加分或减分，企业也一样。若企业对自己的品牌保护不力，甚至为了短期利益不加限制地滥用品牌，或授权给其他组织使用，都可能会削弱品牌的价值。也就是说，在选择企业时，不仅要看一家企业是不是具有品牌优势，还要看其品牌维护与保护的情况。

第三，内部成本控制水平。与具有其他优势的企业相同，具有品牌优势的企业需要注意企业的内部成本控制。若企业内部成本控制做得不到位，仍有可能出现连年效益不佳的情况。

下面来看一下贵州茅台的案例。

贵州茅台属于中华老字号，且“贵州茅台”4 个字本身就具有强大的品牌影响力和号召力。长期以来，贵州茅台酒被看成高端白酒的标杆，贵州茅台酒的定价成为其他企业高档白酒定价的一个标尺。该企业自 2001 年上市以来，营收与净利润一直保持稳定增长的态势。再来看一下该股的日 K 线走势图，如图 3-15 所示。

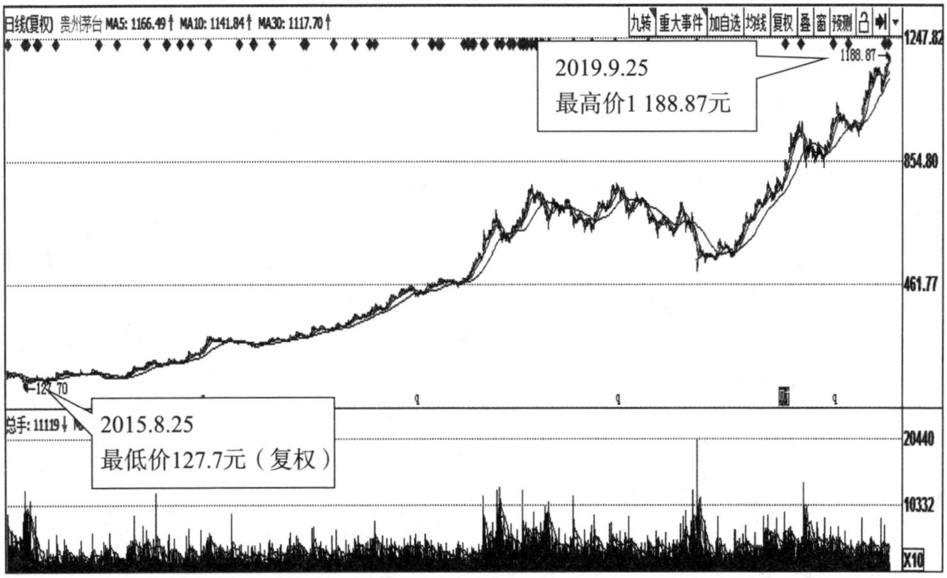

图 3-15　贵州茅台（600519）日 K 线走势图

从图中可以看出，2015 年 8 月底，贵州茅台的股价以 127.7 元（复权后价格）启动上涨，到了 2019 年 9 月 25 日，到达 1 188.87 元的高位，股价翻了近 10 倍。股价的大幅上升，反映出市场对其品牌的认可程度。

第四章

酒类与饮料类消费品投资研究

酒类与饮料消费品是大众消费品领域最重要的一个分支。在酒类消费品中，特别是白酒类消费品中出现了很多超级绩优股，使得酒类企业的股票历来备受各大基金公司青睐。饮料行业中的承德露露也是比较有代表性的一只股票。

目前，酒类消费品以白酒为主，啤酒为辅，近年来葡萄酒、黄酒出现明显上升势头。饮料行业包括含乳饮料、果汁饮料、碳酸饮料等。

第一节　白酒行业投资逻辑

中国白酒是指以曲类、酒母为糖化发酵剂，利用淀粉质（糖质）原料，经蒸煮、糖化、发酵、蒸馏、陈酿和勾兑酿制而成的各类酒。白酒的生产主要集中在长江上游和赤水河流域的贵州仁怀、四川宜宾、四川泸州三角地带。白酒中的贵州茅台、五粮液和泸州老窖都来自该区域。

一、白酒行业竞争分析

白酒属于典型的大众消费品，且人们消费白酒的历史非常悠久。近年来，随着越来越多的年轻一代开始接受红酒，使得白酒消费的增长趋于缓慢。不过，从整体来看，白酒消费上升的态势仍有望继续保持。

1. 白酒行业的整体竞争态势

2013 年，也就是十八届三中全会后，中央反腐力度加强，使得三公消费受到限制，白酒消费量特别是高端白酒的消费量明显下滑。其后，经过两年的整固之后，白酒消费量重新开始上升。

具体说来，白酒行业的竞争具有如下 3 个典型特征。

第一，自 2015 年开始，市场整体规模呈现复苏并稳步增长态势。2018 年，白酒消费额超过 6 000 亿元。

第二，整个市场的竞争非常激烈。尽管从全国市场来看，每年的销售规模在 6 000 亿元以上，但生产白酒的企业多达 2 万余家。其中，大部分的白酒生产企业为小型制酒企业，而且还存在大量的地方小酒坊。

第三，随着 90 后、00 后一代成为消费主力军，他们对白酒的偏爱远不如前几代人，且有拥抱红酒、洋酒的倾向，这使得其他酒类对白酒市场造成一定冲击。

2. 各类白酒竞争态势

尽管整个白酒行业面临激烈的竞争，但是档次不同的白酒面临的竞争态势完全不同。通常情况下，将单价在 600 元以上的白酒定位为高端白酒，400 元以上 600 元以下的白酒定位为次高端白酒，单价在 200 元以下的白酒定位为低端白酒。

按照以上分类，各个档次的白酒面临的竞争具有如下 3 个特点。

第一，高端白酒的竞争趋于垄断。在高端白酒领域，贵州茅台、五粮液占据接近 80% 的市场份额，已经接近垄断状态，剩余的市场份额大部分被泸州老窖占据。所以，很难有新的高端白酒能够抢占高端白酒领域的市场份额。

第二，次高端白酒呈现出多元化竞争态势，如剑南春、郎酒、水井坊、酒鬼酒等都占有一定的市场份额。不过，整个次高端白酒领域还没有形成垄断优势的白酒企业，未来，该领域将成为最具发展潜力的领域。

第三，低端白酒由于门槛较低，品牌优势不明显，因而呈现出较为激烈的竞争态势。同时，低端白酒是市场销量最大的一个分支领域。目前，顺鑫农业旗下的牛栏山二锅头具有较强的市场影响力。另一家低端名牌白酒红星二锅头尚未上市。

二、白酒企业投资逻辑

白酒行业被称为白马股的集中营。投资者在投资股票时，出于投资安全考虑，或多或少会配置一点儿白酒股票，但并不是所有白酒股票都能保持长期上涨态势。在考量股票时，投资者需要关注以下 3 个因素。

第一，品牌成就王者。在白酒领域，品牌就是企业最好的护城河。比如，贵州茅台、五粮液的强大品牌影响力，奠定了其在白酒领域不容挑战的地位。有人常说，在北方，很多生意都是在酒桌上谈成的，而贵州茅台、五粮液又是这种饭局中不可或缺的。

同时，品牌在消费者心目中存在固化的现象。也就是说，在消费者心目中，高端品牌对应高端价格，低端品牌对应的就是低端价格。这就为试图从中低端打通高端的白酒企业设置了难以逾越的障碍。

在可以预见的未来，贵州茅台、五粮液仍可以凭借独一无二的品牌优势获得超额利润。其他白酒企业不得不继续努力塑造自己的品牌，强化品牌在消费者心目中的地位。

第二，可持续且稳定的增长。这是投资者选择股票最重要的一条标准。特别是在消费品领域，一个品牌获得消费者认可的一个显著标志，就是能够保持增长态势。比如，贵州茅台从 2015 年至今连续多年保持高速增长，而且未来继续保持这种态势的可能性很大。当然，贵州茅台确实是一个特例。在很大程度上，它的销售增长受制于自身的生产能力，而非外在的市场环境。

对于投资者来说，无论何种环境或者何种企业，只有业绩持续增长，股价才能持续上涨。

第三，预判企业的增长天花板，提前感知企业业绩拐点。无论在白酒领域还是在其他消费品领域，很多垄断企业都保持了数年的增长态势，但其未来的天花板在哪里，是否会抑制企业的发展速度等问题，都是投资者需要考虑的。比如，贵州茅台、五粮液等高端白酒，其市场容量能够持续增加。若市场容量放大有限，企业的提价策略是否能够奏效，企业提价的临界点在哪里？一瓶飞天茅台两三千元一瓶，市场还是有的，如果有一天已经上涨到了两三万元，是否还有市场呢？这都是投资者需要考虑的问题。反之，在次高端领域，这种状况相对好一些，毕竟大家还没有形成绝对的市场领导者。在低端白酒领域，竞争仍处于白热化，谁能杀出重围，成为低端白酒的绝对领军者，也是投资者需要研判的问题。从现阶段的情形来看，在低端白酒领域，顺鑫农业的牛栏山二锅头、红星二锅头都拥有较高的成长空间。

三、白酒中的超级品牌——贵州茅台

贵州茅台，本身就是中国白酒行业的一个标杆。贵州茅台酒股份有限公司是国内白酒行业的标志性企业，主要生产销售世界 3 大名酒之一的茅台酒，同时进行饮料、食品、包装材料的生产和销售，防伪技术开发，信息产业相关产品的研制开发。茅台酒历史悠久，源远流长，是酱香型白酒的典型代表。

在贵州茅台的诸多产品中，飞天茅台绝对是最著名的一个。每年飞天茅台的销量都无法满足市场需求，茅台公司不得不采用各种措施和方法限制屯酒和炒酒的行为，这可能也是消费品领域的一个奇景。

1. 基本产品线与盈利构成

贵州茅台作为白酒行业的领军企业，其收入主要来自各种酒类的生产和销售。下面来看一下贵州茅台的产品销售与利润占比情况，如表 4-1 所示。

表 4-1　贵州茅台的产品及收入构成（2018 年度）

业务名称		营业收入（元）	收入比例	营业成本（元）	成本比例	利润比例	毛利率
按行业	酒类	735.65 亿	100.00%	64.37 亿	100.00%	100.00%	91.25%
按产品	茅台酒	654.87 亿	89.02%	40.99 亿	63.67%	91.45%	93.74%
	其他系列酒	80.77 亿	10.98%	23.38 亿	36.33%	8.55%	71.05%
按地区	国内	706.72 亿	96.07%	61.68 亿	95.82%	96.09%	91.27%
	国外	28.93 亿	3.93%	2.69 亿	4.18%	3.91%	90.71%

从表中可以看出，贵州茅台的整个收入非常简单、清晰，都是围绕茅台酒和茅台系列酒展开的，其中，茅台酒占比较高，占到收入的 89% 以上。从茅台产品的整体毛利率来看，整个酒类的毛利率在 90% 以上，这说明该企业获得的品牌溢价效益非常明显，市场上的消费者愿意为茅台酒支付更高的价格。同时，由于茅台酒具有很高的提价空间，未来该企业的收益情况仍较为理想。

2. 贵州茅台财务数据

先来看一下贵州茅台前几年的财务与收益数据情况，如表 4-2 所示。

表 4–2　贵州茅台财务数据

时间	2018	2017	2016	2015	2014
每股收益（元）	28.02	21.56	13.31	12.34	13.44
净利润增长率	30%	61.97%	7.84%	1%	1.41%
营业总收入（亿元）	771.99	610.63	401.55	334.47	322.17
每股净资产（元）	89.83	72.8	58.03	50.89	46.79
净资产收益率	34.46%	32.95%	24.44%	26.23%	31.96%

注：2015 年、2016 年、2017 年、2018 年都有大比例分红情况。

从贵州茅台的财务数据情况来看，可以获得这样 3 个事实。

第一，从贵州茅台历年的净利润增长数据可以看出，2014 年到 2016 年属于企业经营比较困难的时期，其实这与中央八项规定有关。其后，随着民间消费的推动，贵州茅台的净利润水平重新开始爆发。

第二，由于中央反腐处于高压态势，三公消费明显较少，茅台酒民间消费量已经成为其销售的支流。随着经济水平的提高，未来消费量将会进一步提升。贵州茅台的营收将保持较快增长。近些年来，贵州茅台重新整固了销售渠道，严厉打击假酒和仿冒酒，这可能会推动销售业绩进一步走高。

第三，从净资产收益率水平来看，该股的净资产收益率一直维持在 20% 以上，近年来甚至在 30% 以上，说明该股属于较佳的投资标的。

3. 贵州茅台整体分析

从贵州茅台的财务报表中还可以看到，截至 2018 年年底，该公司手中的现金余额超过 1 000 亿元，这一数字比该公司 1 年的营收还要高，由此可见该公司赚钱能力之强。同时，该公司的应收账款为 0，而预收账款超过 135 亿元，这说明该公司对下游的经销商具有极强的话语权，经销商为了提早拿货，不得不提前支付预付款。该公司账面未确认任何商誉资产，这说明该公司不存在因商誉爆雷的隐患。

4. 贵州茅台估值分析

若以 2018 年年底每股收益 28.02 元为基准，并以 20% 的净利润增长率计算，2019 年的每股收益为 33.62 元，2020 年的每股收益为 40.35 元。相应地，若以白酒行业 30 倍左右的市盈率计算，该股 2019 年的合理估值应该在 1 008.6 元左右。若考虑经济环境可能遇到困难，将白酒行业的市盈率下调至 20 倍，则合理估值应该在 672.4 元。

如图 4-1 所示，2019 年年初，随着大盘的反弹，贵州茅台的股价出现一波上攻走势。随后，在大盘出现调整时，贵州茅台的股价进行横向调整。很

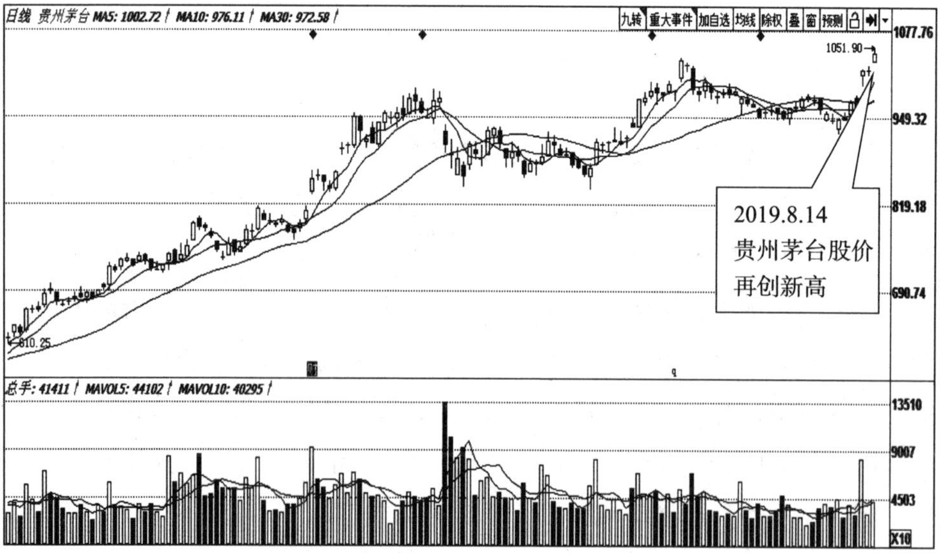

图 4-1 贵州茅台（600519）日 K 线走势图

多长线牛股都曾出现过这类走势，即大盘上涨它跟着涨，大盘下跌它横盘。2019 年 8 月中旬，贵州茅台的股价出现爆发式上攻，并站在了 1 000 元关口的上方。通过之前对贵州茅台股价的估值分析可知，该股股价的合理价格区间应在 672.4 元到 1 008.6 元之间，此时股价已经超越估值上线，说明股价存在一定的高估。想要入场买入该股的投资者，可在股价出现回调时少量布局建仓。

四、白酒中的超级品牌——五粮液

与贵州茅台一样，在整个白酒行业中，五粮液处于金字塔塔尖位置。宜宾五粮液股份有限公司是以五粮液及其系列酒的生产、销售为主要产业，同时还涉足精密塑胶制品、大中小高精尖注射和冲压模具制造产业，以及生物工程发展产业，药业工业、印刷业、电子器件产业，物流运输和相关服务业的具有深厚企业文化的现代化企业集团。

同贵州茅台相似，五粮液品牌旗下的酒类很多，但广受市场追捧的仍是其主打产品“普五”。该产品的价格在市场上是受到调控的，但由于其供应较为充足，不像飞天茅台总是出现加价销售情况。

1. 基本产品线与盈利构成

五粮液作为白酒行业的领军企业，其收入主要来自各种酒类的生产和销售。下面来看一下五粮液的产品销售与利润占比情况，如表 4-3 所示。

表 4-3　五粮液的产品及收入构成（2018 年度）

业务名称		营业收入（元）	收入比例	营业成本（元）	成本比例	利润比例	毛利率
按行业	制造业	400.30 亿	100.00%	—	—	—	—
按产品	酒类	377.52 亿	94.80%	84.61 亿	81.91%	99.31%	77.59%
	塑料制品	18.52 亿	4.65%	16.91 亿	16.37%	0.54%	8.67%
	玻瓶	9 765.55 万	0.25%	9 143.99 万	0.89%	0.02%	6.36%
	其他	6 809.08 万	0.17%	3 881.20 万	0.38%	0.10%	43.00%
	印刷	5 450.11 万	0.14%	4 717.02 万	0.46%	0.02%	13.45%
按地区	国内	400.30 亿	100.00%	84.61 亿	100.00%	100.00%	78.86%

从表中可以看出，五粮液的产品线比贵州茅台更为丰富多样。不过，从收入构成来看，酒类收入占到94.80%的水平，其他产品的收入占比非常低。同时，从毛利率水平来看，酒类的毛利率在77%以上，而其他产品的毛利率要低得多。另外，从利润占比来看，整个五粮液集团的利润还是要靠酒类产品来支撑。由于五粮液产品在市场上享有极高的声誉，因而未来该公司酒类产品的利润还有很大的提升空间。

2. 五粮液财务数据分析

先来看一下五粮液近几年的财务与收益数据情况，如表4-4所示。

表4-4 五粮液财务数据

时间	2018	2017	2016	2015	2014
每股收益（元）	3.47	2.55	1.79	1.63	1.54
净利润增长率	38.36%	42.58%	9.85%	5.85%	-26.81%
营业总收入（亿元）	400.3	301.87	245.44	216.59	210.11
每股净资产（元）	16.36	14.05	12.4	11.41	10.39
净资产收益率	22.8%	19.38%	15.01%	14.93%	15.42%

注：2015年、2016年、2017年、2018年都有大比例分红情况。

从五粮液的财务数据情况来看，可以获得这样3个事实。

第一，从五粮液历年的净利润增长数据可以看出，与贵州茅台的情况相似，2014年到2016年属于企业经营比较困难的时期，这与中央八项规定有关。其后，随着民间消费的推动，五粮液的净利润水平重新开始爆发。特别是最近两年，净利润增速较高。

第二，由于中央反腐处于高压态势，三公消费明显较少，五粮液民间的消费量已经成为销售的支流。随着经济水平的提高，未来消费量将进一步提升。五粮液的营收将保持较快增长。

第三，从该股的净资产收益率水平来看，该股的净资产收益率大都维持在15%以上，2017年以来甚至在20%以上，说明该股属于较佳的投资标的。

3. 五粮液整体分析

从五粮液的财务报表中还可以看到，截至 2018 年年底，该公司整体负债水平不足 25%，属于较佳的水平。手中的现金将近 500 亿元，这一数字比该公司 1 年的营收还要高，由此可见该公司赚钱能力之强。同时，该公司的预收账款超过 67 亿元，说明该公司对下游经销商的话语权较强。该公司的商誉很低，未来商誉爆雷的概率几乎没有。整体而言，五粮液公司的资产质量较佳，属于较佳的投资标的。

4. 五粮液估值分析

若以 2018 年年底每股收益 3.47 元为基准，并以 25% 的净利润增长率计算，2019 年的每股收益为 4.34 元，2020 年的每股收益为 5.43 元。相应地，若以白酒行业 30 倍左右的市盈率计算，该股 2019 年的合理估值应该在 130.2 元左右。若考虑经济环境可能遇到的困难，将白酒行业的市盈率下调至 20 倍，则合理估值应该在 86.8 元。

如图 4-2 所示，2019 年年初，随着大盘的反弹，五粮液的股价出现一波上攻走势。随后，在大盘出现调整时，五粮液的股价进行横向调整，走势几

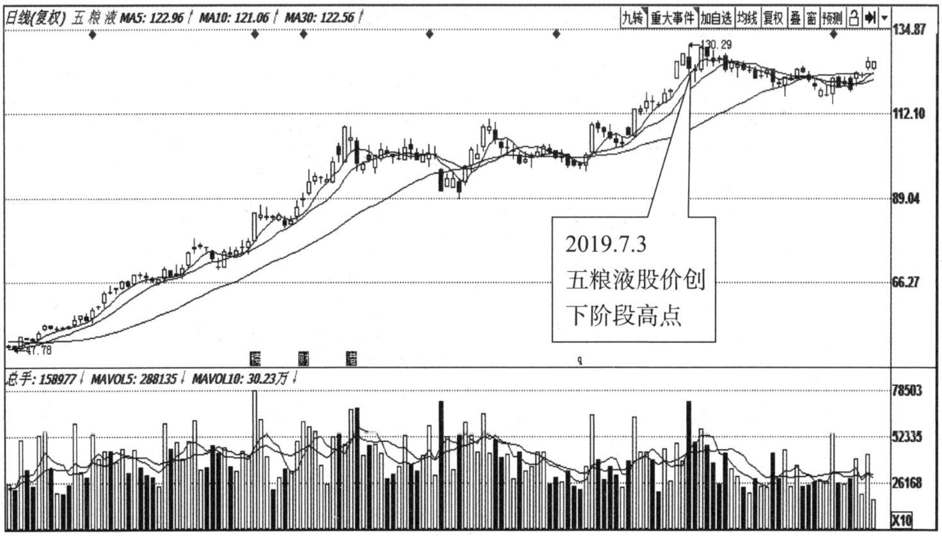

图 4-2　五粮液（000858）日 K 线走势图

乎与贵州茅台一致。2019 年 7 月初，五粮液的股价创出阶段高点（130.29 元）后出现回调。通过之前对五粮液股价的估值分析可知，该股股价的合理价格区间应该在 86.8 元到 130.2 元之间，此时股价已经接近估值上限。此时买入该股并不是明智的选择，最好在股价出现回调时再执行分批建仓操作。

五、大众白酒中的典范——顺鑫农业

顺鑫农业并不是专业化的白酒生产企业，而是一家集农产品生产、加工、物流、销售为一体的综合性大型企业集团。不过，白酒是顺鑫农业的支柱性产品，也是它被众多基金公司推崇的原因所在。

顺鑫农业旗下的牛栏山二锅头是顺鑫农业的核心产品。牛栏山二锅头在低端白酒领域占据相对较高的市场份额，同时，随着销售渠道逐渐走出北京，面向全国，其销售额也逐渐提升。未来，随着牛栏山二锅头市场逐渐向外拓展，其业绩有望再上一个新台阶。

1. 基本产品线与盈利构成

顺鑫农业作为低端白酒行业的领军企业，其业务涵盖的范围比较广泛。下面来看一下顺鑫农业的产品销售与利润占比情况，如表 4-5 所示。

表 4-5　顺鑫农业的产品及收入构成（2018 年度）

业务名称		营业收入（元）	收入比例	营业成本（元）	成本比例	利润比例	毛利率
按行业	白酒行业	92.78 亿	77.09%	46.74 亿	64.53%	96.08%	49.63%
	屠宰行业	23.68 亿	19.68%	21.98 亿	30.35%	3.55%	7.19%
	房地产业	1.45 亿	1.21%	8 114.16 万	1.12%	1.34%	44.14%
	食品加工业	1.11 亿	0.92%	6 931.65 万	0.96%	0.87%	37.54%
	种畜养殖业	1.03 亿	0.85%	2.05 亿	2.83%	–2.14%	–99.86%
	纸业	2 959.31 万	0.25%	1 549.56 万	0.21%	0.29%	47.64%
	建筑业	—	—	—	—	—	—

续　表

业务名称		营业收入（元）	收入比例	营业成本（元）	成本比例	利润比例	毛利率
按产品	白酒	92.78 亿	77.09%	46.74 亿	64.53%	96.08%	49.63%
	猪肉	23.68 万	19.68%	21.98 亿	30.35%	3.55%	7.19%
	房地产	1.45 亿	1.21%	8 114.16 万	1.12%	1.34%	44.14%
	食品加工	1.11 亿	0.92%	6 931.65 万	0.96%	0.87%	37.54%
	种畜	1.03 亿	0.85%	2.05 亿	2.83%	−2.14%	−99.86%
	纸业	2 959.31 万	0.25%	1 549.56 万	0.21%	0.29%	47.64%
	建筑业	—	—	—	—	—	—
按地区	外埠地区	74.32 亿	61.75%	44.73 亿	61.75%	61.75%	39.82%
	北京地区	46.03 亿	38.25%	27.70 亿	38.25%	38.25%	39.82%

从表中可以看出，顺鑫农业的产品线非常丰富，涉及白酒行业、屠宰行业、房地产业、食品加工业以及种畜养殖业等。不过，从收入构成来看，酒类收入占到 77.09% 的水平，其他产品的收入占比非常低。同时，从毛利率水平来看，酒类的毛利率在 49% 以上，其他产品的毛利率水平要低得多。另外，从利润占比来看，整个顺鑫农业集团的利润还是要靠酒类产品来支撑（高达 96.08%）。因此，可以这样说，顺鑫农业实质上就是由牛栏山白酒支撑的一个企业，该品牌白酒的销售与业绩情况将会直接影响顺鑫农业的业绩水平。

2. 顺鑫农业财务数据分析

先来看一下顺鑫农业近几年的财务与收益数据情况，如表 4-6 所示。

表 4–6　顺鑫农业财务数据

时间	2018	2017	2016	2015	2014
每股收益（元）	1.3	0.77	0.72	0.66	0.71
净利润增长率	69.78%	6.25%	9.65%	4.68%	81.85%
营业总收入（亿元）	120.74	117.34	111.97	96.37	94.81
每股净资产（元）	11.76	10.67	10.07	9.46	8.90
净资产收益率	10.04%	6.32%	7.09%	7.20%	8.85%

从顺鑫农业的财务数据情况来看，可以获得这样3个事实。

第一，从顺鑫农业历年的净利润增长数据可以看出，该股的净利润增长情况并不稳定，最近几年涨幅有大有小，这可能与企业多元化经营有关。

第二，近几年来，牛栏山白酒销售渠道拓展力度加强，销量增加比较明显，因而该公司利润增加比较明显。

第三，从该股的净资产收益率水平来看，该股的净资产收益率大都维持在10%以下，说明该股的投资收益水平一般。

3. 顺鑫农业整体分析

从顺鑫农业的财务报表中还可以看到，截至2018年年底，该公司整体负债超过60%，属于比较危险的水平；手中的现金余额为67亿元，商誉价值不足1 000万元，属于较佳水平。同时，该公司的预收账款超过56亿元，说明该公司对下游经销商的话语权较强。整体而言，顺鑫农业公司的资产质量一般。从某种意义上说，顺鑫农业的其他资产在稀释和蚕食牛栏山白酒带来的利润。这些资产若能从顺鑫农业剥离，将会促使牛栏山和顺鑫农业向更高的目标前进。

4. 顺鑫农业估值分析

若以2018年年底每股收益1.3元为基准，并以20%的净利润增长率计算，2019年的每股收益为1.56元，2020年的每股收益为1.87元。相应地，若以白酒行业30倍左右的市盈率计算，该股2019年的合理估值应该在46.8元左右。若考虑经济环境可能遇到的困难，将白酒行业的市盈率下调至20倍，则合理估值应该在31.2元。

如图4-3所示，2019年年初，随着大盘的反弹，顺鑫农业的股价出现一波上攻走势。随后，在大盘出现调整时，顺鑫农业的股价进行横向调整。顺鑫农业的走势几乎与贵州茅台、五粮液一致。2019年7月初，顺鑫农业的股价创出阶段高点（51.2元）后出现回调。通过之前对顺鑫农业股价的估值分析可知，该股股价的合理价格区间应该在31.2元到46.8元之间，此时股价已经超过估值的上限。此时买入该股并不是明智的选择，最好在股价出现回调时，再执行分批建仓操作。

图 4-3　顺鑫农业（000860）日 K 线走势图

第二节　啤酒行业投资逻辑

啤酒，作为一种外来产品，在我国生产的历史与白酒是不能相提并论的。然而，由于啤酒自身的特点，越来越受到年轻人的欢迎。同时，啤酒与白酒有一点明显不同，即白酒属于越陈越香，啤酒则越新鲜越好。过去由于交通物流系统远不如现在发达，且啤酒的保鲜技术没有现在先进，啤酒具有明显的地域特点。很多大城市都有自己的地方啤酒品牌，如燕京啤酒、青岛啤酒、珠江啤酒、哈尔滨啤酒、重庆啤酒等。

一、啤酒行业竞争分析

近年来，啤酒行业的竞争日趋白热化。一方面，本土啤酒品牌加紧跑马圈地，不断突破地域的限制，并涌现出几个典型的全国性品牌，如青岛啤酒、华润雪花啤酒，甚至燕京啤酒也走出了京城。另一方面，外资啤酒企业在加速抢占国内高端啤酒市场的同时，还通过收购地方品牌夯实低端市场，如 AB 公司收购哈尔滨啤酒、嘉士伯收购重庆啤酒等。

啤酒行业的竞争呈现出以下 3 个典型特征。

第一，行业集中度加强。

相关统计数据表明，啤酒市场的行业集中度进一步加强。2018 年度，青岛啤酒、华润雪花啤酒、百威英博啤酒、燕京啤酒以及嘉士伯啤酒 5 大啤酒品牌合计占据了 76.6% 的市场份额。未来随着行业集中度的提升，这 5 大啤酒品牌有望占到 85% 以上的市场份额。

第二，地方性品牌生存艰难。

面对本土和外资啤酒巨头的竞争，很多地方性啤酒品牌很难再保守各自的领地。由于这些地方性品牌已经错失崛起的良机，未来被其他啤酒巨头收购的可能性逐步增加。其实，这是啤酒产业行业集中度提升的延续和必然。

第三，啤酒巨头将迎来自建、扩建产能期。

由于国内可被收购的地方性啤酒品牌减少，从提升销量的角度考量，啤酒巨头将不得不通过自建或扩建啤酒加工厂来提升产能。

二、啤酒企业投资逻辑

相比白酒，啤酒行业的利润率较低，而且竞争异常激烈。在选择啤酒标的股时，投资者需要重点关注以下 4 个方面。

第一，市场占有率是否还有扩展空间。

目前啤酒行业已经进入成熟期，整个市场规模再次放大非常困难。啤酒企业想要提升全国或局部地区的市场占有率，只能抢夺其他企业的市场份额，这强化了行业竞争态势。目前的情形是这样的：一些城市的啤酒市场被某一家啤酒企业垄断，如新疆地区的乌苏啤酒，重庆地区的山城啤酒，甘肃地区的黄河啤酒等；在另外一些城市，居于主导地位的啤酒厂商可能有 2 到 3 家，如黑龙江的雪花啤酒和哈尔滨啤酒等。其实，对大多数啤酒企业而言，收购地方垄断性品牌或在双寡头市场中击败另一方都非常困难，但又不得不去尝试，只有这样才能真正提升自己品牌的市场占有率。

第二，谁能率先占领高端市场。

从某种意义上说，啤酒市场是一个竞争区域饱和的市场，啤酒企业的获利能力弱于其他企业，但这并不是说国内的啤酒企业都不值得去投资。未来，随着国民消费能力的提升，越来越多的人将不再满足于喝上啤酒，而是喝到好啤酒。反观国内高端啤酒市场，几乎被外资品牌垄断，国内啤酒企业想要获得更高的利润，就必须抢占高端市场。目前，只有青岛啤酒在这方面做得还可以。

第三，先抢夺市场份额，再提升利润的逻辑是否成立。

在很多行业中，都存在这样一个逻辑，即为了获得更高的市场份额，企业往往会先牺牲一些利润，以求未来通过市场份额获得更高的利润。不过，在啤酒行业这样一个竞争充分的市场中，谁也无法保证获得足够的市场份额，或者即使有市场份额未必真的会转化为利润。

第四，终端为王。

在啤酒行业里，特别是大众啤酒消费领域，品牌所起的作用相对较低，消费者在选择啤酒时，往往更加看重价格与渠道。消费者更愿意从最容易获得啤酒的渠道购买啤酒，不会为了某一品牌的啤酒选择购买渠道。这一现象在餐饮行业表现得更为明显。对啤酒企业而言，终端建设就是企业的生命线。失去终端，就意味着失去市场。

三、啤酒中的超级品牌——青岛啤酒

青岛啤酒是我国啤酒行业的一面旗帜，也是一家拥有百年历史的啤酒企业。目前，公司在国内 18 个省、市、区拥有 40 多家啤酒生产厂和麦芽生产厂，构筑了遍布全国的营销网络，基本完成了全国性的战略布局，啤酒生产规模、品牌价值、产销量、市场占有率、出口创汇等多项指标居国内同行业首位。

1. 基本产品线与盈利构成

青岛啤酒作为啤酒行业的领军企业，其收入主要来自各种啤酒的生产和销售。下面来看一下青岛啤酒的产品销售与利润占比情况，如表 4-7 所示。

表 4–7　青岛啤酒的产品及收入构成（2018 年度）

业务名称		营业收入（元）	收入比例	营业成本（元）	成本比例	利润比例	毛利率
按行业	啤酒	262.34 亿	100.00%	163.43 亿	100.00%	100.00%	37.70%
按产品	啤酒	262.34 亿	100.00%	163.43 亿	100.00%	100.00%	37.70%
按地区	山东地区	169.26 亿	64.52%	110.71 亿	67.74%	59.20%	34.59%
	华北地区	59.27 亿	22.59%	39.13 亿	23.94%	20.36%	33.97%
	华南地区	31.64 亿	12.06%	21.72 亿	13.29%	10.04%	31.37%
	华东地区	29.11 亿	11.09%	22.50 亿	13.77%	6.68%	22.69%
	东南地区	7.76 亿	2.96%	6.55 亿	4.01%	1.23%	15.65%
	港澳及其他海外地区	6.61 亿	2.52%	4.15 亿	2.54%	2.49%	37.24%
	分部间抵消	−41.31 亿	−15.75%	−41.32 亿	−25.28%	0.008 3%	—

从表中可以看出，青岛啤酒的整个收入非常简单、清晰，即围绕啤酒生产和销售展开。从青岛啤酒产品的整体毛利率来看，整个酒类的毛利率在 37% 以上，相对其他竞争对手而言，青岛啤酒的毛利属于较高的水平。从销售区域来看，山东地区是青岛啤酒的主战场，其实这是啤酒销售地域性特征的直接表现。同时可以看出，除了在港澳以及其他海外地区的毛利水平相对较高外，其他地区的毛利水平都低于山东地区，这与在山东以外地区销售属于抢夺其他啤酒企业的市场份额有关。随着在其他地区销售趋于稳定，未来毛利率水平有望进一步提升。

2. 青岛啤酒财务数据分析

先来看一下青岛啤酒近几年的财务与收益数据情况，如表 4-8 所示。

表 4–8　青岛啤酒财务数据

时间	2018	2017	2016	2015	2014
每股收益（元）	1.05	0.94	0.77	1.27	1.47
净利润增长率	12.6%	21.04%	−39.09%	−13.92%	0.85%
营业总收入（亿元）	265.75	262.77	261.06	276.35	290.49
每股净资产（元）	13.3	12.69	12.08	12.18	11.39
净资产收益率	8.1%	7.55%	6.43%	10.76%	13.53%

从青岛啤酒的财务数据情况来看，可以获得这样3个事实。

第一，从青岛啤酒历年的净利润增长数据可以看出，2014年到2016年属于企业经营比较困难的时期。随后，青岛啤酒的净利水平出现大幅回暖，并且增长速度明显加快。当然，相对其他行业，青岛啤酒的增速并不高，但考虑啤酒行业竞争激烈，青岛啤酒取得的成绩是十分不错的。

第二，观察青岛啤酒的营业总收入可以看出，近年来该股的营收并未增长，反而有所萎缩，一则与市场对啤酒的需求不振有关，二则也与青岛啤酒内部管控有关。也就是说，通过扩大销量提升利润的方法越来越难时，通过内部挖潜，提升管理绩效，降低各项费用，也是企业提升效益的方法。不过，这种方法可持续性不足，未来企业的业绩增长还要靠营收来增加。

第三，从该股的净资产收益率水平来看，该股的净资产收益率大都处在10%以下，并不是一个理想的投资标的。

3. 青岛啤酒整体分析

从青岛啤酒的财务报表中还可以看到，截至2018年年底，该公司手中的现金余额超过125亿元，这一数字大约相当于企业年度营收的一半，是一个非常不错的数字。同时，该公司的应收账款在1亿元左右，属于比较理想的水平。没有预收账款，反映了啤酒行业竞争的激烈程度。同时该公司还有13亿元左右的商誉，这与企业近年来跑马圈地有关，一方面说明企业具有较强的进取精神，另一方面则可能会给企业带来一定的隐患。

近年来，啤酒的包装材料价格不断上扬，啤酒却并未进行相应的提价，在一定程度上会影响企业的盈利。

4. 青岛啤酒估值分析

若以2018年年底每股收益1.05元为基准，并以20%的净利润增长率计算（以啤酒行业的竞争态势来看，实现20%的净利增长率十分困难，但据2019年青岛啤酒的中报显示，该股半年的净利增长率超过了25%），2019年的每股收益为1.26元，2020年的每股收益为1.51元。相应地，若以啤酒行业30倍左右的市盈率计算，该股2019年的合理估值应该在37.8元左右。

若考虑经济环境可能遇到的困难，将啤酒行业的市盈率下调至 20 倍，则合理估值应该在 25.2 元。

如图 4-4 所示，2019 年年初，随着大盘的反弹，青岛啤酒的股价出现一波上攻走势。随后，在大盘出现调整时，青岛啤酒的股价进行横向调整。2019 年 5 月中旬，青岛啤酒的股价创下阶段高点（54.46 元）后回调。通过之前对青岛啤酒股价的估值分析可知，该股股价的合理价格区间应该在 25.2 元到 37.8 元之间。此时股价已经超越估值上线，说明股价存在一定的高估。想要入场买入该股的投资者，可在股价出现回调时少量布局建仓。

图 4-4　青岛啤酒（600600）日 K 线走势图

四、拥有外资背景的品牌——重庆啤酒

重庆啤酒股份有限公司是我国啤酒行业中为数不多的上市公司之一，主要从事啤酒的生产和销售，主要产品有山城啤酒、重庆啤酒等。2013 年底，成为全球第三大啤酒商丹麦嘉士伯集团成员后，又获得了乐堡、嘉士伯、凯旋 1664 等品牌的生产和销售权，形成了“本地强势品牌 + 国际高端品牌”的品牌组合。

1. 基本产品线与盈利构成

重庆啤酒作为典型的地方性啤酒品牌，其收入主要来自各种啤酒的生产和销售。下面来看一下重庆啤酒的产品销售与利润占比情况，如表 4-9 所示。

表 4-9　重庆啤酒的产品及收入构成（2018 年度）

业务名称		营业收入（元）	收入比例	营业成本（元）	成本比例	利润比例	毛利率
按行业	酒、饮料和精制茶制造业	33.46 亿	100.00%	20.22 亿	100.00%	100.00%	39.58%
按产品	啤酒	33.46 亿	100.00%	20.22 亿	100.00%	100.00%	39.58%
按地区	重庆	25.31 亿	75.62%	14.99 亿	74.16%	77.85%	40.75%
	四川	5.64 亿	16.85%	3.65 亿	18.07%	14.98%	35.20%
	湖南	2.52 亿	7.53%	1.57 亿	7.77%	7.17%	37.68%

从表中可以看出，重庆啤酒的整个收入非常简单、清晰，即围绕啤酒生产和销售展开。从重庆啤酒产品的整体毛利率来看，整个酒类的毛利率接近 40%，这一数字比青岛啤酒还高。从销售区域来看，重庆地区是重庆啤酒的主战场，这是啤酒销售地域性特征的直接表现。同时可以看出，重庆啤酒的销售区域十分小，仅限于重庆、四川和湖南 3 个省市。从之前的啤酒企业竞争形势可以看出，固守原有的市场份额将会变得异常艰难，未来会有更多的啤酒品牌向重庆地区渗透，这会给重庆啤酒带来新的挑战。

2. 重庆啤酒财务数据分析

先来看一下重庆啤酒近几年的财务与收益数据情况，如表 4-10 所示。

表 4-10　重庆啤酒财务数据

时间	2018	2017	2016	2015	2014
每股收益（元）	0.83	0.68	0.37	−0.14	0.15
净利润增长率	22.62%	82.03%	375.57%	−189.44%	−53.74%
营业总收入（亿元）	34.67	31.76	31.96	33.24	31.69
每股净资产（元）	2.37	2.4	2.54	2.36	2.64
净资产收益率	36%	28.29%	15.37%	−5.47%	5.69%

从重庆啤酒的财务数据情况来看，可以获得这样 3 个事实。

第一，从重庆啤酒历年的净利润增长数据可以看出，2014 年到 2015 年属于企业经营比较困难的时期。随后，重庆啤酒的净利水平出现大幅回暖，并且增长速度明显加快。相对其他啤酒企业，重庆啤酒的增速属于较高的。

第二，观察重庆啤酒的营业总收入可以看出，近年来该股的营收增长并不明显，连续几年都处在 35 亿元的下方，未来仍有很大的成长空间。当然，这与企业的经营战略有关，企业能否走出去或抢占高端啤酒市场，将直接影响重庆啤酒未来的发展定位。

第三，从该股净资产收益率水平来看，近年来该股的净资产收益率增速较高（2018 年高达 36%），这说明该股属于较佳的投资标的。

3. 重庆啤酒整体分析

从重庆啤酒的财务报表中还可以看到，截至 2018 年年底，该公司手中的现金为 9.67 亿元，相对 35 亿元的营收来说，这一数字只能属于合格水平。该公司的资产负债率接近 65%，这就不是一个非常理想的数字了。没有商誉，这一点值得肯定，但也说明近年来重庆啤酒没有对外扩展的行动，略显保守了一些。

总之，重庆啤酒的资产质量只能属于一般水平，毕竟负债率较高，且现金存量并不是非常充足。

4. 重庆啤酒估值分析

若以 2018 年年底每股收益 0.83 元为基准，并以 15% 的净利润增长率计算，2019 年的每股收益为 0.95 元，2020 年的每股收益为 1.1 元。相应地，若以啤酒行业 30 倍左右的市盈率计算，该股 2019 年的合理估值应该在 28.5 元左右。若考虑到经济环境可能遇到困难，将啤酒行业的市盈率下调至 20 倍，则合理估值应该在 19 元。考虑到近年来重庆啤酒的利润上升更多地是通过改善内部管理实现的，而非外延式扩充销售额实现的，而啤酒行业的竞争又十分激烈，未来的不确定性很大，从投资安全角度考虑，无法为重庆啤酒出具更高的估值倍数。

如图 4-5 所示，2019 年年初，随着大盘的反弹，重庆啤酒的股价出现一波上攻走势。随后，在大盘出现调整时，重庆啤酒的股价进行横向调整。2019 年 7 月初，重庆啤酒的股价创下阶段高点（48.87 元）后回调。通过之前对重庆啤酒股价的估值分析可知，该股股价的合理价格区间应该在 19 元到 28.5 元之间，此时股价已经超越估值上线，说明股价存在一定的高估。想要入场买入该股的投资者，可在股价出现回调时少量布局建仓。

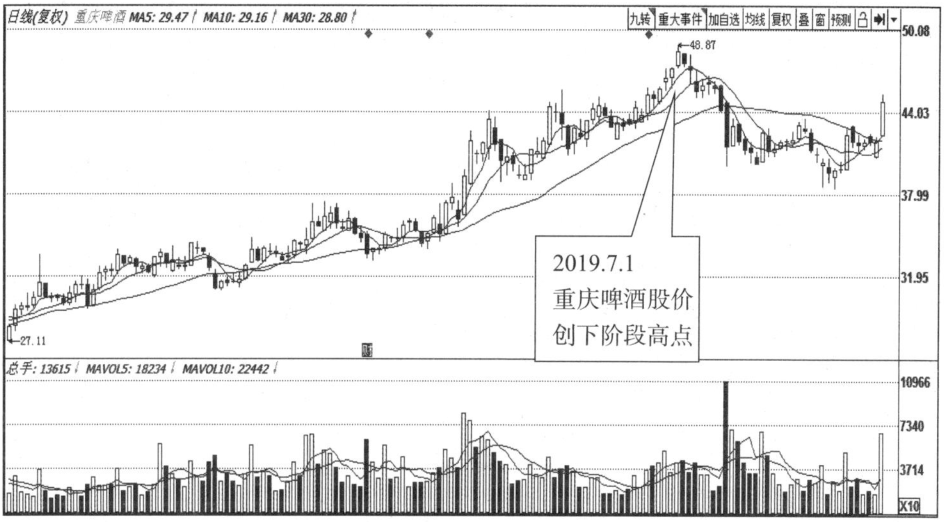

图 4-5　重庆啤酒（600132）日 K 线走势图

第三节　黄酒和葡萄酒行业投资逻辑

在酒类家族中，除了白酒和啤酒两大分支外，还有纯正国产的黄酒、外来的葡萄酒以及各类果酒、保健酒等。当然，由于这些酒类的销量和影响力跟白酒、啤酒不可同日而语，因而在股票市场不那么受重视，但这并不妨碍其中可能会有优秀的企业诞生。

一、黄酒和葡萄酒行业竞争分析

在国内酒类消费品中，黄酒和葡萄酒一直属于小众产品。目前，白酒的年人均饮用量约为2.6升，啤酒的年人均饮用量为21升，黄酒的年人均饮用量为1.4升，葡萄酒的年人均饮用量仅为0.26升。不过，这从侧面可以反映出黄酒和葡萄酒具有广阔的发展空间。

1. 黄酒行业的竞争特点

概况起来，黄酒行业的竞争具有如下3个典型特征。

第一，区域性特色较浓。黄酒作为我国具有悠久传统历史的古酒，时至今日，主要的消费区域集中于江浙沪一带。当然，随着江浙沪人口向外迁移，黄酒的销售区域有所扩大，但总体上来说，黄酒的销售核心区域仍在江浙沪地区。

第二，生产企业比较集中。与销售区域相似，生产黄酒的企业集中于江浙沪一带，并且产能主要集中于金枫酒业、会稽山和古越龙山。黄酒行业要想突出重围，必须走出江浙沪，推向全国市场。然而，时至今日，黄酒在江浙沪以外市场的销售仍是不温不火。

第三，从长远来看，黄酒的发展空间十分广阔。与其他酒类相比，黄酒具有鲜明的养生与保健功能，这在全民关注养生的今天，无疑具有较强的市场号召力。

2. 葡萄酒的行业竞争特点

相比黄酒，葡萄酒的未来可能更好一点。目前，国内葡萄酒生产厂商主要包括张裕、王朝、华夏、威龙等，其中，张裕为中国乃至亚洲最大的葡萄酒生产企业。葡萄酒行业的竞争具有如下4个特点。

第一，随着人们对高品质生活的追求和西方文化影响的不断深入，国内葡萄酒需求出现较快增长。越来越多的年轻人将葡萄酒看成现代生活的一种方式，开始选择葡萄酒而非传统的白酒。一定程度上，这能够推升葡萄酒的产销量。

第二，从国内葡萄酒的产销量情况来看，随着国内葡萄酒需求量的增加，国内厂商并未将这一增量全部收入囊中，因为大部分消费者倾向于选择国外进口的葡萄酒品牌，而非国产品牌。他们认为国内葡萄酒品质低于国外葡萄酒，国内的葡萄酒企业必须下大工夫扭转消费者的这一观念。

第三，葡萄酒市场因为监管不力、葡萄酒造假等不利因素的影响，使得葡萄酒销量上升幅度较慢，未来，葡萄酒市场将进一步向知名厂商集中。

第四，由于国内缺乏饮用葡萄酒的文化，随着葡萄酒文化培育和普及，未来有望获得更大的市场空间。

二、黄酒和葡萄酒企业投资逻辑

在投资黄酒和葡萄酒企业时，投资者需要关注这样 3 个方面。

第一，品牌与品质。

黄酒和葡萄酒在国内属于典型的小众消费品。投资者在选择时，往往具有很强的倾向性，即熟悉的或知名度较高的品牌更容易获得消费者青睐。黄酒中已有的石库门、会稽山、古越龙山等品牌，其知名度远远高于其他品牌。同样，国内葡萄酒领域中的张裕、王朝等也享有较高的知名度。其中，在国内葡萄酒领域，张裕的影响力是最高的，王朝则借助中粮的背景享有较为优厚的销售资源。

当然，从长远来看，未来的胜出者肯定是品牌与品质之中的最佳者，张裕、王朝等品牌都有一定的机会。

第二，追求成长的逻辑。

前面曾经介绍过，对黄酒来说，向外扩大市场，走出传统的销售区域是当务之急，而对葡萄酒企业来说，培育葡萄酒饮用文化则需要很长时间。同时，随着葡萄酒饮用量的增加，国内葡萄酒企业能否把握住商机，这要打上一个问号的。总之，无论是黄酒还是葡萄酒，其销售业绩增长都面临着较大困难。

第三，选择能够突出重围，在高端市场占有一席之地的品牌。

眼下，黄酒企业和葡萄酒企业都在集中精力抢占高端市场。它们试图通过占领高端市场来增加营收和利润，并借高端市场的势能整固低端市场。然而，现实情况并不理想，黄酒的高端市场容量有限，且放大困难；葡萄酒的高端市场大部分被进口葡萄酒占有，国内葡萄酒企业抢占这一市场非常困难。不过，抢占高端市场仍是这些企业的不二选择。未来，就看谁做得更好了。

三、黄酒中的领军品牌——古越龙山

浙江古越龙山绍兴酒股份有限公司系经浙江省人民政府证券委员会批准，由中国绍兴黄酒集团公司独家发起，采用募集方式设立的股份有限公司。该公司是我国最大的黄酒生产、经营、出口企业，拥有国内一流的黄酒生产工艺设备和全国唯一的省级黄酒技术中心，聚集了多名国家级评酒大师。旗下品牌包括古越龙山、女儿红、状元红、沈永、鉴湖等。

1. 基本产品线与盈利构成

古越龙山作为黄酒行业的领军企业，其收入主要来自各种黄酒的生产和销售。下面来看一下古越龙山的产品销售与利润占比情况，如表 4-11 所示。

表 4-11　古越龙山的产品及收入构成（2018 年度）

业务名称		营业收入（元）	收入比例	营业成本（元）	成本比例	利润比例	毛利率
按行业	酒类	16.82 亿	99.10%	10.46 亿	98.63%	99.88%	37.83%
	其他	1 531.80 万	0.90%	1 458.06 亿	1.37%	0.12%	4.81%
按产品	中高档酒	11.56 亿	68.10%	6.05 亿	57.03%	86.53%	47.69%
	普通酒	5.26 亿	30.99%	4.41 亿	41.59%	13.36%	16.18%
	玻璃制品	1 506.94 万	0.89%	1 435.72 万	1.35%	0.11%	4.73%
	其他产品	24.86 万	0.01%	22.35 万	0.02%	0.003 9%	10.10%
按地区	国内	16.52 亿	97.30%	10.33 亿	97.44%	97.06%	37.44%
	国外	4 585.10 万	2.70%	2 713.12 万	2.56%	2.94%	40.83%

从表中可以看出，古越龙山的整个收入非常简单、清晰，且以黄酒的生产和销售为主。从古越龙山销售的产品细分来看，中高档酒的销售占比超过68%，利润更是占到整个企业利润的 86% 以上，说明中高档黄酒已经成为古越龙山的销售主力。对比毛利情况可以发现，中高档酒的毛利率高达 47% 以上，普通黄酒的毛利仅为 16.18%。从这种对比中可以发现，企业未来的发展方向仍在中高端黄酒方面。

前面介绍过白酒和啤酒的毛利情况，通过简单对比可以看出，黄酒中的普通酒毛利率非常低，中高端黄酒的毛利率比啤酒的平均毛利略高，这并不是一个非常好的现象。从中可以看出，中高端黄酒的提价策略也未必会有效，黄酒企业的发展阻力非常大。

2. 古越龙山财务数据分析

先来看一下古越龙山近几年的财务与收益数据情况，如表 4-12 所示。

表 4-12 古越龙山财务数据

时间	2018	2017	2016	2015	2014
每股收益（元）	0.21	0.2	0.15	0.16	0.26
净利润增长率	4.69%	34.57%	−8.38%	−27.89%	28.42%
营业总收入（亿元）	17.17	16.37	15.35	13.76	13.38
每股净资产（元）	5.03	4.92	4.82	4.67	4.58
净资产收益率	4.28%	4.19%	3.19%	3.57%	6.16%

从古越龙山的财务数据情况来看，可以获得这样 3 个事实。

第一，从古越龙山历年的净利润增长数据可以看出，2015 年到 2016 年属于企业经营比较困难的时期，随后，古越龙山的净利水平出现一定回暖。当然，相对其他行业，古越龙山的增速并不高。考虑到黄酒行业竞争激烈，古越龙山能否保持 10% 以上的增速，将变得十分关键（之前 5 年的平均增速为 6.28%）。

第二，观察古越龙山的营业总收入可以看出，近年来，该股的营收一直处于平稳增长的态势之中。当然，随着黄酒生产成本的上扬，企业营收增加的部分被成本蚕食，这在一定程度上影响了企业的净利水平。未来，随着内部管控力度的加强，以及整个销售线和产品线整顿的完成，净利水平有望提高。

第三，从该股的净资产收益率水平来看，该股的净资产收益率大都维持在 5% 以下，因此该股不是一个理想的投资标的。

3. 古越龙山整体分析

从古越龙山的财务报表中还可以看到，截至 2018 年年底，该公司手中的现金余额超过 7 亿元，对一个仅有 17 亿元营收的企业而言，这是一个非常不错的数字。同时，该公司的应收账款在 1 亿元左右，属于比较理想的水平。预收账款也在 1 亿元以上，这说明企业对下游的影响力较强。

同时，古越龙山的商誉价值在 2 000 多万元左右，这是一个可接受的水平。企业的资产负债率不到 15%，也是一个非常理想的水平。总之，该公司的资产质量尚可。未来，若黄酒行业出现复苏与放量，古越龙山将会从中获益。

4. 古越龙山估值分析

若以 2018 年年底每股收益 0.21 元为基准，并以 10% 的净利润增长率计算（对黄酒行业来说，保持 10% 的增速是有一定困难的。特别是 2019 年年中报显示，该股净收益出现了一定的下滑），2019 年的每股收益为 0.23 元，2020 年的每股收益为 0.25 元。相应地，若以黄酒行业 30 倍左右的市盈率计算（考虑到黄酒的成长空间毕竟很大），该股 2019 年的合理估值应该在 6.9 元左右。若考虑到经济环境可能遇到的困难，综合古越龙山的品牌以及净利增长情况，合理的市盈率应该在 20 倍左右，那么合理估值应该在 4.6 元。

如图 4-6 所示，2019 年年初，随着大盘的反弹，古越龙山的股价出现一波上攻走势。随后，在大盘出现调整时，古越龙山的股价进行横向调整。2019 年 5 月中旬，古越龙山的股价创下阶段高点（10.09 元）后回调。通过之前对古越龙山股价的估值分析可知，该股股价的合理价格区间应该在 4.6 元左右，此时股价已经超越估值上线，说明股价存在一定的高估。想要入场买入该股的投资者，可在股价出现回调时少量布局建仓。

当然，当前的估值是建立在古越龙山增速在 10% 左右的基础之上的，若该公司的净利润增速提升，估值自然会随之水涨船高。站在普通投资者的角度来看，最好耐心等待黄酒业绩拐点到来时，再入场建仓该股。

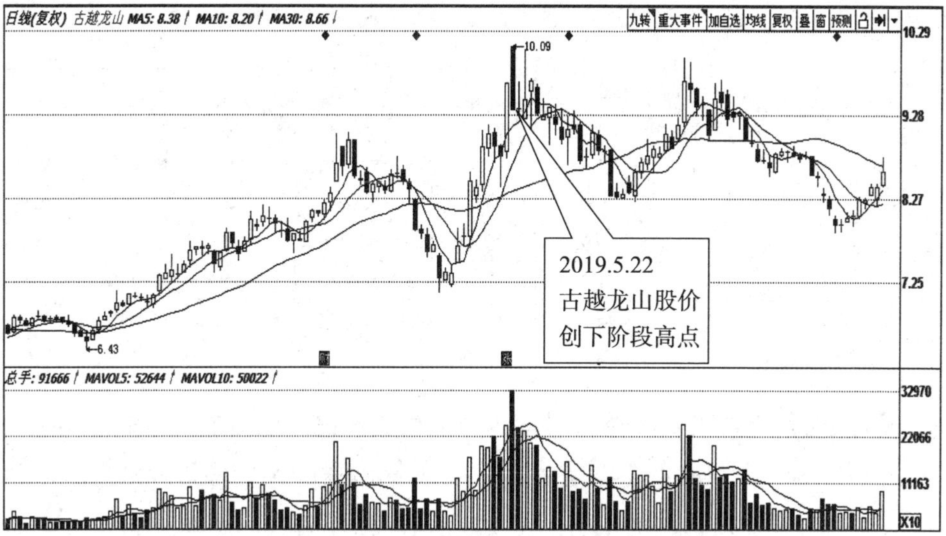

图 4-6 古越龙山（600059）日 K 线走势图

四、葡萄酒中的领军者——张裕 A

烟台张裕葡萄酿酒股份有限公司是由烟台张裕集团公司独家发起，以募集方式设立的股份公司。该公司的前身是张裕酿酒公司，由著名的爱国侨领张弼士在 1892 年创立。经过 100 多年的发展，张裕已经发展成为中国乃至亚洲最大的葡萄酒生产经营企业。

张裕集团的产品以葡萄酒酿造为主，集保健酒与中成药研制开发、粮食白酒与酒精加工、进出口贸易、包装装潢、机械加工、交通运输、玻璃制瓶等。

作为葡萄酒中的龙头企业，张裕 A 自建了规模较大的葡萄种植园（25 万亩），这在一定程度上保障了自身产品的品质和原材料需求。为了突破高端葡萄酒的技术壁垒，张裕集团与国外红酒品牌合作，聘请一流的酿酒师，引进先进的酿酒技术，逐步缩小与国际顶尖红酒品质的差距。

1. 基本产品线与盈利构成

张裕 A 作为葡萄酒行业的领军企业，其收入主要来自葡萄酒、白兰地的生产和销售。下面来看一下张裕 A 的产品销售与利润占比情况，如表 4-13 所示。

表 4–13　张裕 A 的产品及收入构成（2018 年度）

业务名称		营业收入（元）	收入比例	营业成本（元）	成本比例	利润比例	毛利率
按行业	酒及酒精饮料制造业	51.42 亿	100.00%	19.02 亿	100.00%	100.00%	63.02%
按产品	葡萄酒	40.00 亿	77.79%	14.61 亿	76.82%	78.36%	63.48%
	白兰地	9.99 亿	19.43%	4.04 亿	21.23%	18.38%	59.60%
	其他	1.43 亿	2.78%	3 705.61 万	1.95%	3.26%	74.05%
按地区	国内	44.86 亿	87.25%	14.78 亿	77.70%	92.85%	67.07%
	国外	6.56 亿	12.75%	4.24 亿	22.30%	7.15%	35.35%

从表中可以看出，张裕 A 的收入以葡萄酒和白兰地为主，其中葡萄酒占比高达 77.79%，利润占比更是高达 78.36%。从张裕 A 的销售地区来看，国外销售占到整个销售额的 12.75%，这在国内葡萄酒生产企业中属于较高的水准，毕竟国内葡萄酒企业获得国外消费者的认可相对比较困难。

通过对比之前古越龙山的销售额可以发现，张裕 A 作为国内最大的葡萄酒生产企业，年销售额刚到 50 亿元左右，只比黄酒生产企业略高，与白酒和啤酒企业中的领军企业相比，差距还是很大的。不过，葡萄酒的毛利率水平高于黄酒和啤酒，说明该行业的市场空间很大，而非竞争充分的市场。未来，张裕 A 通过强化自身品牌建设，提升消费者对品牌和品质的认可，销售的上升空间是很大的。

2. 张裕 A 财务数据分析

先来看一下张裕 A 前几年的财务与收益数据情况，如表 4-14 所示。

表 4–14　张裕 A 财务数据

时间	2018	2017	2016	2015	2014
每股收益（元）	1.52	1.51	1.43	1.5	1.43
净利润增长率	1.06%	5.01%	–4.62%	5.36%	–6.72%
营业总收入（亿元）	51.42	49.33	47.18	46.5	41.57
每股净资产（元）	14.01	12.99	11.98	11.04	9.98
净资产收益率	11.23%	12.14%	12.55%	14.4%	15.11%

从张裕A的财务数据情况来看，可以获得这样3个事实。

第一，从张裕A历年的净利润增长数据可以看出，近几年，该企业的净利水平变化不大，处于稳定状态，销售额的增长也不明显，说明该企业营收增长乏力，这与国内葡萄酒行业的现状比较吻合。

第二，观察张裕A的营业总收入可以看出，近年来，该股的营收一直处于平稳增长的态势之中。当然，随着葡萄酒生产成本的上扬，企业营收增加的部分被成本蚕食，这在一定程度上影响了企业的净利水平。未来，随着内部管控力度的加强，以及整个销售线和产品线整顿的完成，净利水平有望提升。

第三，从该股的净资产收益率水平来看，该股的净资产收益率一直维持在10%以上，属于一个合格的投资标的。

3. 张裕A整体分析

从张裕A的财务报表中还可以看到，截至2018年年底，该公司手中的现金余额超过14.67亿元，对一个仅有50亿元营收的企业而言，这是一个非常不错的数字。同时，该公司的应收账款在2亿元左右，属于比较理想的水平。预收账款在2亿元以上，说明企业对下游的影响力较强。

同时，张裕A的商誉价值为1.65亿元，是一个可接受的水平。企业资产负债率不到25%，这是一个非常理想的水平。总之，该公司的资产质量尚可。未来，若葡萄酒行业出现复苏与放量，作为行业的龙头老大，张裕A将能从中获取更高的利润。

4. 张裕A估值分析

若以2018年年底每股收益1.52元为基准，并以10%的净利润增长率计算（对葡萄酒行业来说，保持10%的增速是有一定困难的。特别是2019年中报显示，该股的净收益出现了一定的下滑），2019年的每股收益为1.67元，2020年的每股收益为1.84元。相应地，若以葡萄酒行业30倍左右的市盈率计算（考虑到葡萄酒的成长空间毕竟还很大），该股2019年的合理估值应该在50元左右。不过，前面分析过，张裕A的净利增长率很难达到10%，这里不得不将张裕 A 的市盈率打个对折，合理估值应该在 25.05 元。

如图 4-7 所示，2019 年年初，随着大盘的反弹，张裕 A 的股价出现一波上攻走势。随后，在大盘出现调整时，张裕 A 的股价进行震荡调整。2019 年 8 月 16 日，张裕 A 的股价收盘为 29.21 元。通过之前对张裕 A 股价的估值分析可知，该股股价的合理价格应该在 25.05 元左右，此时股价略高于 25.05 元。投资者可根据个人情况决定进出。

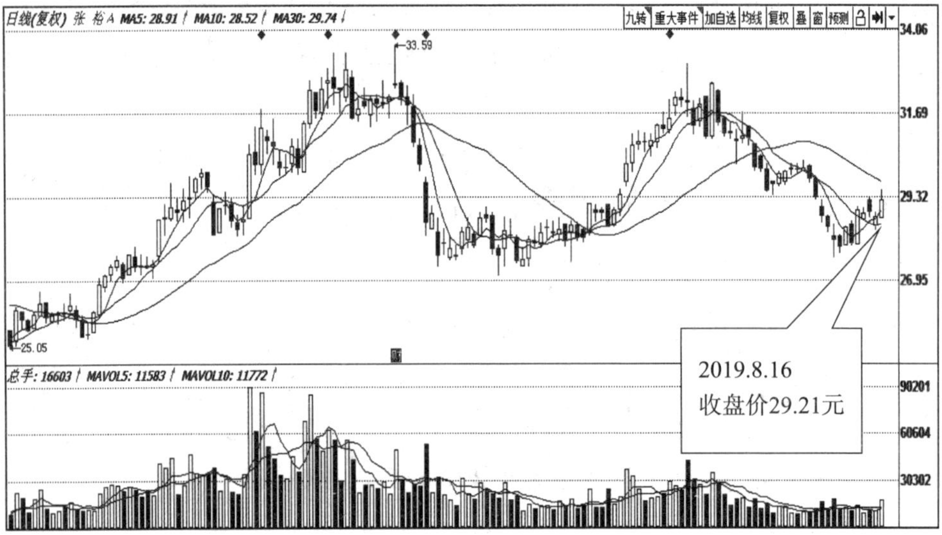

图 4-7 张裕 A（000869）日 K 线走势图

第四节 饮料类消费品行业投资逻辑

在消费品板块中，饮料行业也占有重要位置，诸如含乳饮料、果汁饮料、功能饮料以及碳酸饮料等。相比酒类行业产生了诸多优质上市公司而言，饮料行业中的上市公司很少，优质上市公司更少。

一、饮料行业竞争分析

站在市场角度来看饮料行业，这肯定是一个规模庞大的行业。事实上，目前的上市公司中，除了乳制品企业外，单纯的饮料企业很少，在整个饮料行业中所占的市场份额也不大。

1. 饮料行业的竞争特征

饮料行业的竞争呈现出如下 3 个特征。

第一，境外的饮料公司占据重要地位。在销量比较靠前的饮料企业中，可口可乐、百事可乐、红牛以及康师傅旗下的产品占据较大的市场份额。当然，由于消费者口味与需求日益多样化，各大厂商所占市场份额存在萎缩态势。未来，境内厂商迎头赶上的可能性较大。

第二，行业集中度减弱。在这一点上，饮料行业跟其他行业呈现出完全不同的态势。其他消费品细分领域，集中度都在不断加深，饮料行业则完全相反。占据主导优势地位的企业，很难继续扩大某一品种饮料的市场占有率，如可口可乐、娃哈哈营养快线、红牛等。

第三，老品牌饮品市场占有率趋于下滑，新品不断涌现。由于消费者的口味和偏好处于不断的变化之中，加之人们对健康的理解不同，新兴的饮料产品层出不穷，在一定程度上冲击了老牌饮料企业的市场份额。例如，凉茶的崛起成就了加多宝、王老吉、和其正。在选择这些凉茶时，消费者不可避免地会抛弃一些其他饮料。

2. 饮料行业的发展趋势

鉴于消费者需求的多样化，饮料行业表现出以下两个趋势。

第一，进一步细化市场。随着消费者对健康的诉求日趋强烈，将更加重视开发和挖掘低糖、低添加剂、更天然有益的饮品。一定程度上，这会改变原有的饮料市场细分格局，或可产生新的有代表性的产品。

第二，饮品跨界情况增多。通过将原有的基础饮料与其他元素结合，产生新的饮品，将会成为一种趋势，如“水 +”“果汁 +”等。通过口味、功能等消费场景的不同元素跨界组合创新，可以满足不同消费者的需求。

二、饮料企业投资逻辑

饮料行业属于充分竞争行业，在选择投资标的时，投资者宜遵循以下 3 个基本逻辑。

第一，经得起检验的品牌。

在饮料消费品市场，很多品牌曾经像流星一闪而过，尽管在饮料史上留下了自己的印迹，但一段时间后即很难再见到。在选择饮料行业的投资标的时，首先应该选择那些经历多轮市场检验，仍能占据较大市场份额的产品，如可口可乐、承德露露、汇源果汁等。

第二，增长是永恒不变的逻辑。

所谓的最佳投资标的，肯定是可以获得业绩持续增长的标的。当然，这种增长可以是当下正在发生的，也可以是未来某个时间段可能会发生的。在选择投资标的时，不仅要看当下的增速如何，还要考虑企业产品的天花板有多高，未来能否持续增长。若当前增速不佳，未来能否提速等。

还有一种情况需要特别关注，即企业在某一时间段内业绩出现萎缩或下跌，这并非企业的产品不再受市场认可，而是企业自身调整或存货、促销策略造成的增速下滑等，未来企业有望恢复增长。

第三，寻找健康而富有创新的饮品。

随着消费者品位的日趋多样化和对健康问题的重视，喜欢创新的饮品公司或专注于健康饮品研发的企业，更容易获得市场青睐。当然，投资者不应为某个概念饮品投资企业，而要关心那些能够为企业带来实际收益的产品。

三、杏仁露领域的垄断者——承德露露

在饮料市场，承德露露绝对是一个标杆性的企业。河北承德露露股份有限公司是以生产露露系列天然饮料为主业，跨地区、跨行业和跨国多元化经营的现代企业集团。其主要产品是植物蛋白饮料——杏仁露，是全国最大的杏仁露生产企业，年生产能力 30 余万吨，市场占有率达到 90%。

1. 基本产品线与盈利构成

承德露露作为杏仁露饮料领域的垄断性企业，其收入主要来自杏仁露的生产和销售。下面来看一下承德露露的产品销售与利润占比情况，如表 4-15 所示。

表 4-15　承德露露的产品及收入构成（2018 年度）

业务名称		营业收入（元）	收入比例	营业成本（元）	成本比例	利润比例	毛利率
按行业	植物蛋白饮料	20.75 亿	100.00%	10.09 亿	100.00%	100.00%	51.40%
按产品	露露杏仁露	20.75 亿	100.00%	10.09 亿	100.00%	100.00%	51.40%
按地区	国内	20.75 亿	100.00%	10.09 亿	100.00%	100.00%	51.40%

从表中可以看出，承德露露的全部收入来自露露杏仁露。在上市企业中，全部收入来自 1 种产品的情况非常少见。杏仁露产品的毛利率为 51.40%，这在饮料行业中是一个不错的成绩。不过，过于单一的产品总会给人一种创新乏力的感觉，而且难以跟上消费者对饮品新口味的需求。

2. 承德露露财务数据分析

先来看一下承德露露近几年的财务与收益数据情况，如表 4-16 所示。

表 4-16　承德露露财务数据

时间	2018	2017	2016	2015	2014
每股收益（元）	0.42	0.42	0.46	0.62	0.88
净利润增长率	-0.13%	-8.16%	-2.78%	4.52%	32.72%
营业总收入（亿元）	21.22	21.12	25.21	27.06	27.03
每股净资产（元）	1.96	2.04	2.02	2.23	2.62
净资产收益率	21.99%	21.52%	24.83%	31.16%	38.13%

从承德露露的财务数据情况来看，可以获得这样 3 个事实。

第一，从承德露露历年的净利润增长数据可以看出，近几年，该企业的净利水平变化不大，处于稳定状态，销售额增长并不明显，说明该企业营收增长乏力，这与国内饮料市场整体增长乏力的状况相吻合。

第二，观察承德露露的营业总收入可以看出，近年来，该股的营收一直处于平稳增长的态势之中。当然，随着杏仁露生产成本的上扬，企业营收增加的部分被成本蚕食，在一定程度上影响了企业的净利水平。

第三，从该股的净资产收益率水平来看，该股的净资产收益率一直维持在 20% 以上，属于质地较佳的投资标的。

3. 承德露露整体分析

从承德露露的财务报表中还可以看到，截至 2018 年年底，该公司手中的现金余额接近 20 亿元，对一个仅有 20 亿元多营收的企业而言，这是一个非常不错的数字。同时，该公司的应收账款很少，预收账款高达 6.25 亿元，说明企业对下游的影响力较强。

同时，承德露露的商誉价值仅为几百万元，这是一个可接受的水平。企业的资产负债率在 30% 左右，是一个非常理想的水平。总之，该公司的资产质量尚可。未来，杏仁露产品出现复苏与放量的可能极大，作为行业的龙头老大，承德露露会很容易从中获得更高利润。当然，由于杏仁露属于典型的健康型饮料，非常符合现代消费者对健康的要求，所以该企业的产品未来持续稳定获利的基础很好。

4. 承德露露估值分析

若以 2018 年年底每股收益 0.42 元为基准，并以 5% 的净利润增长率计算（对成熟的饮料行业来说，保持 5% 的增速有一定困难），2019 年的每股收益为 0.44 元，2020 年的每股收益为 0.46 元。相应地，若以饮料行业 30 倍左右的市盈率计算（对杏仁露产品的分析逻辑来源有二：其一，杏仁露产品属于健康型饮品，未来前景广阔；其二，承德露露作为杏仁露饮料行业中的垄断者，理应获得更高的估值溢价），该股 2019 年的合理估值应该在 13.2 元左右。不过，前面分析过，承德露露的净利增长率很难达到 5%，若将承德露露的估值下调至 20 倍，则合理估值应该在 8.8 元。

如图 4-8 所示，2019 年年初，随着大盘的反弹，承德露露的股价出现一波上攻走势。随后，在大盘出现调整时，承德露露的股价进入持续下行走势。

2019 年 8 月 23 日，承德露露的股价收于 7.71 元。通过之前对承德露露股价的估值分析可知，该股股价的合理区间应该在 8.8 元到 13.2 元之间，此时股价明显低于估值下限。投资者可考虑分批建仓该股。

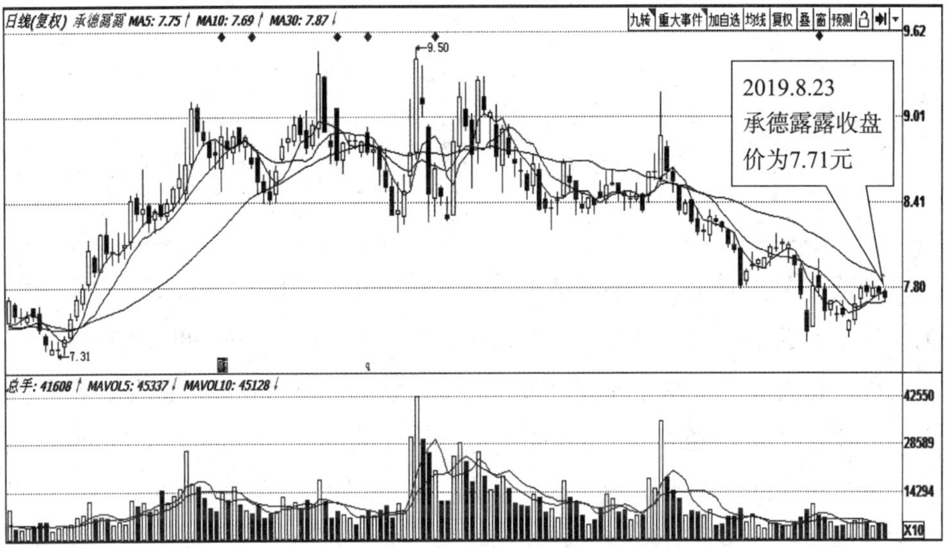

图 4–8　承德露露（000848）日 K 线走势图

四、奶茶的领军者——香飘飘

在奶茶领域，香飘飘占据了大部分的市场份额，且占比有望进一步提升。香飘飘食品股份有限公司主营业务为奶茶产品的研发、生产和销售。公司主要产品为“香飘飘”品牌杯装奶茶、“MECO 蜜谷”品牌果汁茶、“MECO 牛乳茶”和“兰芳园”系列液体奶茶。

1. 基本产品线与盈利构成

香飘飘作为奶茶饮品领域内的领军性企业，其收入主要来自各类奶茶、果茶的生产和销售。下面来看一下香飘飘的产品销售与利润占比情况，如表 4-17 所示。

表 4-17　香飘飘的产品及收入构成（2018 年度）

业务名称		营业收入（元）	收入比例	营业成本（元）	成本比例	利润比例	毛利率
按行业	奶茶行业	32.23 亿	100.00%	19.12 亿	100.00%	100.00%	40.69%
按产品	经典系列	17.72 亿	54.97%	10.25 亿	53.60%	56.98%	42.18%
	好料系列	10.32 亿	32.03%	5.84 亿	30.54%	34.20%	43.45%
	液体奶茶	2.18 亿	6.78%	1.50 亿	7.82%	5.25%	31.53%
	果汁茶	2.01 亿	6.23%	1.54 亿	8.05%	3.58%	23.37%

从表中可以看出，香飘飘的产品线比价简单、清晰，收入以各类奶茶为主，其中经典奶茶占比高达 54.97%，利润占比更是高达 56.98%。在整个产品线中，还有一类产品需要重点关注，即果汁茶，这个产品可能是香飘飘未来的一个主要利润源。尽管 2018 年年底果汁茶的销售占比仅为 6.23%，但在未来肯定会获得更大份额。不过，有一个不利的因素，即果汁茶的毛利率低于其他奶茶。观察香飘飘的整个产品线毛利率可知，该企业产品的平均毛利率在 40% 左右，这在饮料行业属于一个比较理想的水平。

2. 香飘飘财务数据分析

先来看一下香飘飘近几年的财务与收益数据情况，如表 4-18 所示。

表 4-18　香飘飘财务数据

时间	2018	2017	2016	2015	2014
每股收益（元）	0.79	0.74	0.74	0.57	0.51
净利润增长率	17.53%	0.63%	30.48%	10.08%	0.6%
营业总收入（亿元）	32.51	26.4	23.9	19.52	20.93
每股净资产（元）	5.28	4.82	3.51	2.77	5.02
净资产收益率	15.26%	19.58%	23.53%	22.77%	26.42%

从香飘飘的财务数据情况来看，可以获得这样 3 个事实。

第一，从香飘飘历年的净利润增长数据可以看出，近几年，该企业的净利水平在保持稳定的基础上，出现了一定程度的上涨。特别是 2018 年，该企业的净利润增长率达到 17.53%，在饮料行业，这属于一个非常理想的数据。

第二，观察香飘飘的营业总收入可以看出，近年来，该股的营收一直处于平稳增长的态势之中，除了 2018 年外，其他年份增速较低。按照香飘飘公司披露的相关信息，该企业前几年因生产线满负荷运转，导致产品出货量无法满足市场需求，最近新扩建了生产线。新的生产线投产后，企业的营收和净利润肯定会有一段时间的放量。

第三，从该股的净资产收益率水平来看，该股的净资产收益率一直维持在 15% 以上，属于一个较佳的投资标的。

3. 香飘飘整体分析

从香飘飘的财务报表中还可以看到，截至 2018 年年底，该公司手中的现金余额超过 11.83 亿元，对一个仅有 30 亿元营收的企业而言，这是一个非常不错的数字。同时，该公司的应收账款不到 5 000 万元左右，属于比较理想的水平。预收账款在 2.48 亿元以上，说明企业对下游的影响力较强。

同时，企业的资产负债率不到 35%，这是一个比较理想的水平。总之，该公司的资产质量尚可。不过，该公司 2018 年的营销费用达到 8 亿元，当年的研发费用仅为几百万元的水平。这种营销与研发费用占比极不合理，可能会影响企业未来新产品的研发，损害企业长远的发展潜力和动能。

4. 香飘飘估值分析

若以 2018 年年底每股收益 0.79 元为基准，并以 30% 的净利润增长率计算（考虑到新扩充产能导致的营收放大，实际可能会高于 30% 这一数字），2019 年的每股收益为 1.03 元，2020 年的每股收益为 1.23 元（考虑到产能释放结束后，营收增速会降低，按 20% 增速计算）。相应地，若以饮料行业 30 倍左右的市盈率计算，该股 2019 年的合理估值应该在 30.9 元左右。

如图 4-9 所示，2019 年年初，随着大盘的反弹，香飘飘的股价出现一波上攻走势。随后，在大盘出现调整时，香飘飘的股价进入震荡上升调整，由此可见，2019 年上半年，该股走势较强。2019 年 8 月 5 日，香飘飘的股价最高点达到 38.40 元。通过之前对香飘飘股价的估值分析可知，该股股价的合理价格应该在 30.9 元左右，此时股价明显高于 30.9 元，投资者可暂不建仓，或在股价出现大幅回调时再建仓。

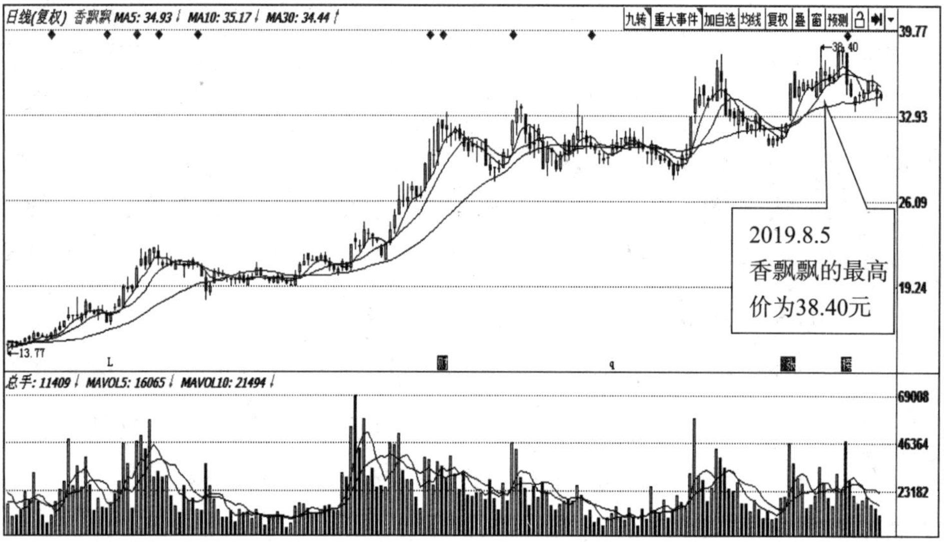

图 4-9　香飘飘（603711）日 K 线走势图

第五章

食品类消费品投资研究

食品类消费品是大众生活中不可或缺的。通常所说的大食品加工类，包括含酒类消费品在内的饮料类、农产品食品加工类和食品制造类3大类。为了便于在投资市场寻找对应的投资标的，将大食品类中的酒类、饮料和休闲食品都单独列出了。

本章涉及的食品类消费品，包括制造类食品、休闲食品、调味品、乳制品等。基于人口众多的基本国情，食品类消费品的市场前景非常广阔，而且在该领域白马股与绩优股频出。

第一节　食品制造行业投资逻辑

食品制造是指将牲畜和农产品转化为中间或最终消费的产品，包括包装食品、糕点和甜食、乳制品和罐头食品等。

一、食品制造行业竞争分析

随着人们生活水平的提升，食品制造行业的市场规模不断扩大。整个食品制造领域呈现出如下两个显著特点。

第一，整体市场规模不断扩大，对产品的质量和品牌更为看重。由于人们收入水平不断提升，越来越多的消费者不再满足于获得食品，逐渐要求获得更好的食品。因此，有机食品、名牌食品越来越受到消费者的青睐。

第二，产品销售渠道日趋多样化。从原有的完全靠层级式分销的线下渠道，开始转向线下与线上同步销售。

从整个行业来看，食品制造业呈现出如下 4 个显著的竞争态势。

第一，市场集中度加强。尽管市场竞争日趋白热化，但少数具有品牌优势的企业开始尝试垄断或抢占更大的市场份额。在个别分类领域，已经形成少数企业控制大多数市场份额的局面。比如，雀巢咖啡占据了绝大多数的包装咖啡市场，三全食品和湾仔码头占据了超过半数的速冻食品市场，等等。

第二，在个别高端领域，外资品牌占据主导地位。由于外资品牌经过了长期的品牌建设，且质量被市场认可，因而更容易获得高收入群体的欢迎。从这一点来看，国产品牌还有很长的路要走。

第三，个别食品领域不时爆出食品质量安全问题，这对企业的品牌建设造成致命的打击。

第四，随着网上销售盛行，越来越多的企业开始重视这种销售方式。同时，网上销售为后来者提供了弯道超车的机会。毕竟网上销售不需要进行网下销售渠道的建设，对新企业来说，这种销售渠道的建设，需要投入大量的时间和金钱。

二、食品制造企业投资逻辑

食品制造行业细分领域很多，可供选择的投资标的也相对较多。在选择投资标的时，一般应考虑以下 4 个因素。

第一，数一数二原则。

食品制造行业是一个充分竞争的行业，没有太高的技术壁垒。能从激烈的市场竞争中脱颖而出的企业，往往具备更强的竞争能力，更优秀的管理能力。从这一行业中选择投资标的时，优先选择那些在细分行业中占据前两名的企业。当然，这并不是说后面的企业投资收益一定不好，尤其面对如此广大的消费市场。不过，由于可选择的标的有限，还是尽可能地优中选优。

第二，速度可以弥补规模。

除了选择行业内最好的企业外，还要考虑行业内竞争的变数，这个变数往往来自行业内发展速度最快的企业。如果一家新兴企业能够每年以百分之几百的速度发展，那么用不了多久就会成为行业内的龙头企业。当然，当企业规模发展到一定程度后，发展速度必然会随之放缓。

第三，优先选择细分领域内的小霸主。

垄断，不是一个褒义词。但站在投资者的立场上，如果要寻找合适的投资标的，则某一领域内的垄断者无疑是最佳选择，这就是巴菲特为什么多年热衷持有可口可乐股票的原因。在一个较大的分类市场中，若无法找到一个垄断性企业，那么可以考虑将行业细分，并在细分领域内寻找垄断的霸主。

第四，关注以健康为主题的高端食品市场。

随着消费水平的提高，越来越多的人关注食品健康与安全问题。哪家食品企业能够更好地解决这一问题，将更容易获得消费者的青睐。

三、肉类垄断性品牌——双汇发展

肉制品是食品制造行业中非常重要的一个分支，谈到肉制品，就不得不提及该领域中的霸主——双汇发展。

河南双汇投资发展股份有限公司自1998年上市以来，一直坚持以屠宰和肉类加工业为核心，向上游发展饲料业和养殖业，向下游发展包装业、商业，配套发展外贸、金融、地产等，形成了主业突出、行业配套的产业群，成为我国最大的肉类供应商。

1. 基本产品线与盈利构成

双汇发展作为肉制品行业的龙头老大，其收入主要来自屠宰和各类肉制品的生产和销售。下面来看一下双汇发展的产品销售与利润占比情况，如表5-1所示。

表 5-1　双汇发展的产品及收入构成（2018 年度）

业务名称		营业收入（元）	收入比例	营业成本（元）	成本比例	利润比例	毛利率
按行业	屠宰业	289.17 亿	59.30%	260.39 亿	67.94%	27.56%	9.95%
	肉制品业	232.11 亿	47.60%	161.81 亿	42.22%	67.32%	30.29%
	其他	25.76 亿	5.28%	20.21 亿	5.27%	5.32%	21.56%
	减：公司内部行业抵减	-59.37 亿	-12.17%	-59.17 亿	-15.44%	-0.19%	—
按产品	生鲜品冻品	289.17 亿	59.30%	260.39 亿	67.94%	27.56%	9.95%
	高温肉制品	146.95 亿	30.13%	100.56 亿	26.24%	44.42%	31.57%
	低温肉制品	85.16 亿	17.46%	61.25 亿	15.98%	22.90%	28.08%
	其他	25.76 亿	5.28%	20.21 亿	5.27%	5.32%	21.56%
	减：公司内部行业抵减	-59.37 亿	-12.17%	-59.17 亿	-15.44%	-0.19%	—
按地区	长江以北地区	325.30 亿	66.71%	263.02 亿	68.63%	59.63%	19.15%
	长江以南地区	221.74 亿	45.47%	179.38 亿	46.81%	40.56%	19.10%
	减：公司内部行业抵减	-59.37 亿	-12.17%	-59.17 亿	-15.44%	-0.19%	—

从表中可以看出，双汇发展的整个收入来源于两类，其一屠宰业，其二肉制品加工业。其中，肉制品加工本身就是屠宰业的下游产业。也就是说，双汇发展的主要业务都是围绕肉类展开的。从毛利率情况和利润占比情况可以看出，肉制品类的利润优于屠宰业。

从产品销售收入构成来看，高温肉制品的毛利率高于生鲜品和低温肉制品。这与大多数行业的普遍规律相吻合，即加工环节增加，毛利率同步增加。当然，这种毛利率能否转化为净利率，还要看企业内部的管控情况。

从销售地域来看，双汇发展的销售区域是以长江为分界线的，且长江以南和长江以北差别不大，毛利率也趋同。其实，这与双汇发展在全国各地都设有子公司有关。

2. 双汇发展财务数据分析

先来看一下双汇发展前几年的财务与收益数据情况，如表 5-2 所示。

表 5-2 双汇发展财务数据

时间	2018	2017	2016	2015	2014
每股收益（元）	1.49	1.31	1.33	1.29	1.84
净利润增长率	13.78%	-1.95%	3.51%	5.34%	4.71%
营业总收入（亿元）	489.32	505.75	518.45	446.97	456.96
每股净资产（元）	3.93	4.43	4.30	5.09	7.05
净资产收益率	34.06%	31.4%	28.33%	27.24%	28.6%

从双汇发展的财务数据情况来看，可以获得这样 3 个事实。

第一，从双汇发展历年的净利润增长数据可以看出，近几年来，双汇发展的净利润增速几乎处于停滞状态，但每年的盈利水平都比较高。这说明双汇发展所处的肉制品行业已经是一个竞争非常充分的市场，企业再想扩大净利规模变得异常困难。

第二，观察双汇发展的营业总收入和净利对比可以看出，2018 年的营收出现萎缩，净利润水平却明显上升，这与猪瘟疫情有关。因为猪瘟，很多消费者减少了猪肉的摄入量，但在局部地区生猪价格大幅下滑，使得双汇发展收购生猪成本降低，净利水平得以提升。

第三，从该股的净资产收益率水平来看，该股的净资产收益率一直维持在 30% 左右，这是一个非常高的数字，说明双汇发展是一只非常值得投资的标的。

3. 双汇发展整体分析

从双汇发展的财务报表中还可以看到，截至 2018 年年底，该公司手中的现金余额超过 26 亿元，这是一个非常不错的数字。同时，该公司的应收账款在 1 亿元左右，属于比较理想的水平。预收账款接近 10 亿元，说明企业对下游的影响力较强。不过，双汇发展的存货连续走高，已经从 2018 年底的 42 亿元，上升至 2019 年中期的 72 亿元，这可能会给企业的销售造成较大压力。不过，猪瘟之后，猪肉价格反向上弹，高库存可能会为企业带来额外的收益。

企业的资产负债率在 37% 左右，这是一个可以接受的水平。总之，该公司的资产质量非常不错。考虑到猪瘟疫情之后，肉制品行业将迎来强劲复苏，双汇发展很容易从中获益。

4. 双汇发展估值分析

若以 2018 年年底每股收益 1.49 元为基准，并以 10% 的净利润增长率计算，2019 年的每股收益为 1.64 元，2020 年的每股收益为 1.8 元。相应地，若以肉制品行业 30 倍左右的市盈率计算（通常情况下，竞争充分的市场，很难再给予 30 倍估值，但考虑到双汇发展作为肉制品行业的龙头老大，可享受一定的溢价。再说，双汇发展拥有超过 30% 的净资产收益率，给予其 30 倍估值并不算高）。该股 2019 年的合理估值应该在 49.2 元左右。若考虑到经济环境可能遇到困难，综合双汇发展的品牌以及净利增长情况，合理的市盈率应该在 20 倍左右，则合理估值应该在 32.8 元。

如图 5-1 所示，2019 年年初，随着大盘的反弹，双汇发展的股价出现一波上攻走势。随后，在大盘出现调整时，双汇发展的股价进行震荡调整。2019 年 4 月 30 日，双汇发展的股价创下 28.05 元的阶段高点。通过之前对双汇发展股价的估值分析可知，该股股价的合理价格区间应该在 32.8 元到 49.2 元之间，此时股价明显低于估值，投资者可考虑择机入场建仓。

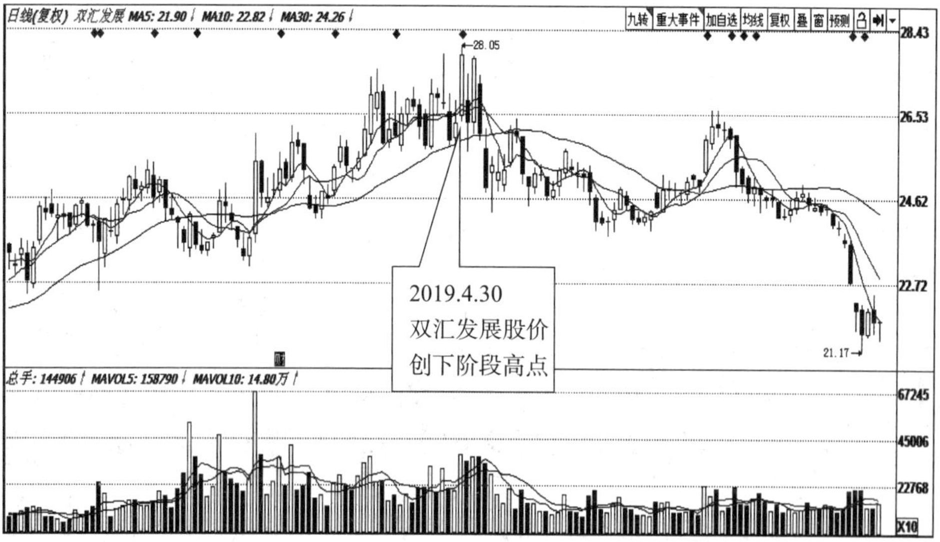

图 5-1　双汇发展（000895）日 K 线走势图

四、冷冻领域的领先品牌——三全食品

三全公司是中国生产速冻食品最早、规模最大、市场网络最广的企业之一。中国第一颗速冻汤圆、第一只速冻粽子都出自三全公司。目前，三全食品在国内米面速冻食品市场的占有率为第一名。该公司主营业务为速冻汤圆、速冻水饺、速冻粽子以及速冻面点等速冻米面食品的生产和销售，目前产品已经达到近400个品种。

1. 基本产品线与盈利构成

三全食品是速冻食品领域的领军品牌，其收入主要来自各类速冻食品的生产和销售。下面来看一下三全食品的产品销售与利润占比情况，如表5-3所示。

表5-3　三全食品的产品及收入构成（2018年度）

业务名称		营业收入（元）	收入比例	营业成本（元）	成本比例	利润比例	毛利率
按行业	零售等市场	49.67亿	89.90%	31.47亿	88.19%	93.01%	36.64%
	餐饮市场	5.58亿	10.10%	4.22亿	11.81%	6.99%	24.49%
按产品	水饺	19.23亿	34.81%	12.15亿	34.04%	36.20%	36.83%
	面点及其他	17.36亿	31.41%	12.62亿	35.37%	24.20%	27.28%
	汤圆	15.87亿	28.73%	9.28亿	26.01%	33.67%	41.51%
	粽子	2.79亿	5.06%	1.63亿	4.58%	5.93%	41.52%
按地区	长江以北	31.19亿	56.45%	20.24亿	56.72%	55.95%	35.10%
	长江以南	24.07亿	43.55%	15.45亿	43.28%	44.05%	35.82%

从表中可以看出，三全食品的整个收入全部来源于速冻产品，其中，水饺的销售额居于首位，这与整个速冻行业的特点有关。但从中也可以看到某些隐忧，水饺的销售额并未与其他产品拉开太大差距，这与速冻水饺领域的另一个实力选手湾仔码头有关。也就是说，在速冻水饺领域，湾仔码头也占据了较大的市场份额。

按照行业划分，零售市场的销售额远远高于餐饮市场，这说明三全食品在冷链和终端方面建设得较好，这也是企业保持竞争优势的关键。从销售地域上来看，长江以北的销售情况好于长江以南，这与长江以北的消费者喜欢食用水饺有关。

从毛利率情况来看，汤圆和粽子的毛利率达到 40% 以上，高于水饺和面点。这两方面是三全食品需要强化的。

2. 三全食品财务数据分析

先来看一下三全食品近几年的财务与收益数据情况，如表 5-4 所示。

表 5-4　三全食品财务数据

时间	2018	2017	2016	2015	2014
每股收益（元）	0.13	0.09	0.05	0.04	0.20
净利润增长率	41.45%	82.45%	13.09%	–56.83%	–31.55%
营业总收入（亿元）	55.39	52.56	47.81	42.37	40.94
每股净资产（元）	2.55	2.46	2.34	2.34	4.62
净资产收益率	4.99%	3.69%	2.09%	1.87%	4.44%

从三全食品的财务数据情况来看，可以获得这样 3 个事实。

第一，从三全食品历年的净利润增长数据可以看出，近几年来，三全食品的净利润增速较高，但实质上每股收益仍很低。也就是说，这种高增速是建立在低数值基础之上的。作为一家在速冻行业占据优势地位的企业，这样的净利润水平并不理想。

第二，观察三全食品的营业总收入和净利对比可以看出，整体上来说，近年来三全食品的营收增长缓慢，这与市场竞争激烈程度有关。一方面，企业再开辟新市场的难度增加；另一方面，竞争对手抢占了一部分原先占有的市场。特别是最近几年，三全食品经常爆出食品安全问题，在一定程度上打击了消费者对该品牌的信心，让企业营收增速开始放缓。

第三，从该股的净资产收益率水平来看，该股的净资产收益率一直维持在5%以下，这并不是一个很理想的数字。希望三全食品尽快恢复增速，否则很难将其看成一只理想的投资标的。

3. 三全食品整体分析

从三全食品的财务报表中还可以看到，截至2018年年底，该公司手中的现金余额为8.33亿元，这是一个不错的数字。同时，该公司的应收账款在3.8亿元左右，属于较高水平。预收账款超过6亿元，说明企业对下游的影响力较强。不过，三全食品的存货连续走高，已经超过10亿元，这会给企业经营带来一定的压力。

企业的资产负债率超过55%左右，这是一个比较危险的水平。总之，该公司的资产质量一般。企业内部重新整固之后，净利润可能会有所恢复。

4. 三全食品估值分析

三全食品是一个特殊的标的，如果按照先前的评估方法进行估值，那么三全食品的估值在5元左右，但必须考虑三全食品作为速冻食品领域龙头老大的特殊地位。通常情况下，可以对市场中的龙头股给予一定的溢价。

若以2018年年底每股收益0.13元为基准，并以80%（毕竟2018年的净利润水平太低了）的净利润增长率计算，2019年的每股收益为0.23元；2020年的净利润增速预估为50%，每股收益为0.34元。相应地，若以冷冻食品行业30倍左右的市盈率计算，该股2019年的合理估值应该在6.9元左右。若考虑到三全食品刚刚经历整合，未来增速可能较高，加之作为行业龙头的特殊地位，放大其估值至50倍，则合理估值应该在11.5元。

如图5-2所示，2019年年初，随着大盘的反弹，三全食品的股价出现一波上攻走势。随后，在大盘出现调整时，三全食品的股价进行震荡调整。2019年7月3日，三全食品的股价达到11.3元。通过之前对三全食品股价的估值分析可知，该股股价的合理价格区间应该在6.9元到11.5元之间，此时股价已经进入估值的上限区域，并不便宜。出于安全考虑，最好等到三全食品业绩拐点到来后，投资者再入场建仓该股。

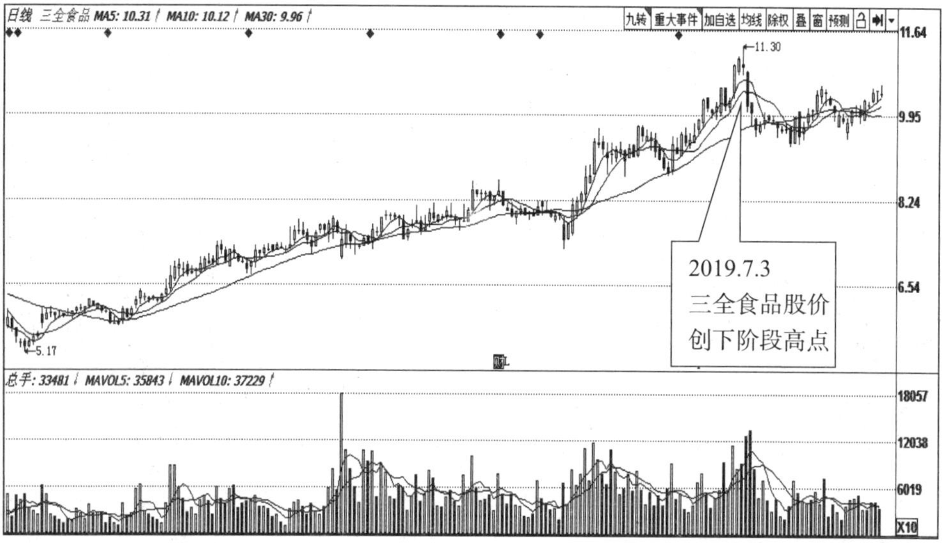

图 5-2　三全食品（002216）日 K 线走势图

五、烘焙领域的领先品牌——桃李面包

在食品制造领域，桃李面包是一个特例，这是一家将食品行业细分到底的企业。从企业的名称可以看出，该公司致力于面包的生产和销售。

桃李面包股份有限公司以面包及糕点为核心的优质烘焙类产品的生产及销售，属于国内知名的“中央工厂＋批发”式烘焙食品生产企业。公司主要产品为“桃李”品牌面包，目前拥有软式面包、起酥面包和调理面包 3 大系列。

1. 基本产品线与盈利构成

在竞争激烈的面包烘焙市场中，桃李面包占有重要地位，其收入主要来自各类面包的生产和销售。下面来看一下桃李面包的产品销售与利润占比情况，如表 5-5 所示。

表 5-5 桃李面包的产品及收入构成（2018 年度）

业务名称		营业收入（元）	收入比例	营业成本（元）	成本比例	利润比例	毛利率
按行业	食品生产	48.33 亿	100.00%	29.16 亿	100.00%	100.00%	39.68%
按产品	面包及糕点	47.29 亿	97.84%	28.45 亿	97.59%	98.22%	39.83%
	月饼	9 493.93 万	1.96%	6 525.21 万	2.24%	1.55%	31.27%
	粽子	967.73 万	0.20%	513.98 万	0.18%	0.24%	46.89%
按地区	东北地区	23.33 亿	48.26%	15.33 亿	52.59%	41.69%	34.27%
	华北地区	11.24 亿	23.27%	7.58 亿	25.99%	19.12%	32.60%
	华东地区	9.74 亿	20.16%	6.62 亿	22.70%	16.29%	32.07%
	西南地区	5.78 亿	11.96%	3.53 亿	12.12%	11.73%	38.90%
	西北地区	3.52 亿	7.29%	2.15 亿	7.37%	7.16%	38.97%
	华南地区	3.09 亿	6.40%	2.34 亿	8.03%	3.93%	24.37%
	华中地区	693.55 万	0.14%	494.77 万	0.17%	0.10%	28.66%
	分部间抵销	–8.45 亿	–17.48%	–8.45 亿	–28.97%	–0.03%	—

从表中可以看出，桃李面包的整个收入来自面包、月饼和粽子的销售，但面包绝对是企业营收的中坚力量，占到销售收入的 97.84%，利润更是占到整个企业利润的 98.22%。从这一点上看，企业名称中带有“面包”二字是非常合适的。其实，这也为后来的企业发展指明了方向，尽管食品行业竞争非常激烈，且各大巨头垄断了各类市场大部分份额，但中小企业仍可通过市场细分，占据一个小的细分市场并实现垄断，从而获得相对较高的收益。毕竟我国是一个有着 14 亿人口的大国，消费能力是不容怀疑的。由于其建设了“中央工厂＋批发”的营销模式，加之能够在当日完成配送的物流体系，确保了短保质期面包的竞争力。

从销售地区上来看，起家于沈阳的桃李面包，仍将东北地区作为主战场，其销售收入的近一半来自东北地区。未来，随着企业向南进军，市场规模有望继续扩大。

2. 桃李面包财务数据分析

先来看一下桃李面包前几年的财务与收益数据情况，如表 5-6 所示。

表 5–6　桃李面包财务数据

时间	2018	2017	2016	2015	2014
每股收益（元）	1.36	1.14	0.97	0.86	0.67
净利润增长率	25.11%	17.85%	25.53%	27.11%	7.21%
营业总收入（亿元）	48.33	40.8	33.05	25.63	20.58
每股净资产（元）	7.27	6.71	4.57	4.15	2.56
净资产收益率	19.71%	22.36%	22.42%	30.33%	28.19%

从桃李面包的财务数据情况来看，可以获得这样 3 个事实。

第一，从桃李面包历年的净利润增长数据可以看出，近几年来，桃李面包的净利润平稳快速增长。作为一家志在快速扩张的企业来说，这样的净利润水平十分正常。当然，在企业扩张期间，净利水平偶有下滑也是允许的。

第二，观察桃李面包的营业总收入和净利对比可以看出，整体来说，近年来桃李面包的营收增长开始放缓，这与企业营收规模逐渐扩大有关。一方面，企业开辟新市场的难度增加；另一方面，由于基数变大，增幅不可能再像以前那样大。

第三，从桃李面包的净资产收益率水平来看，该股的净资产收益率大都维持在 20% 以上，这是一个非常不错的数字，说明该股是一个较佳的投资标的。

3. 桃李面包整体分析

从桃李面包的财务报表中还可以看到，截至 2018 年年底，该公司手中的现金余额为 14.24 亿元，这是一个不错的数字。同时，该公司的应收账款在 4.29 亿元左右，属于较高水平。预收账款几乎没有，说明企业对下游的影响力较弱。

企业的资产负债率不到 13%，这是一个非常理想的水平，当然，这与企业上市时间较短有一定关系。总之，该公司的资产质量尚佳。

4. 桃李面包估值分析

若以 2018 年年底每股收益 1.36 元为基准，并以 20% 的净利润增长率计算，2019 年的每股收益为 1.63 元，2020 年的每股收益为 1.96 元。相应地，若以食品加工行业 30 倍左右的市盈率计算，该股 2019 年的合理估值应该在 48.9 元左右。考虑到桃李面包的业绩连续多年上升，有可能难以实现 20% 的净利润增长率，故将估值倍数下调至 20 倍，则该股的估值应该在 32.6 元。

如图 5-3 所示，2019 年年初，随着大盘的反弹，桃李面包的股价出现一波上攻走势。随后，在大盘出现调整时，桃李面包的股价进行横向调整。其后，该股重新开始上升步伐。2019 年 8 月 16 日，桃李面包的股价达到 48 元的高位。通过之前对桃李面包股价的估值分析可知，该股股价的合理价格区间应该在 32.6 元到 48.9 元之间，此时股价已经进入估值的上限区域，并不便宜。出于安全考虑，最好等到桃李面包股价出现调整时，投资者再入场建仓。

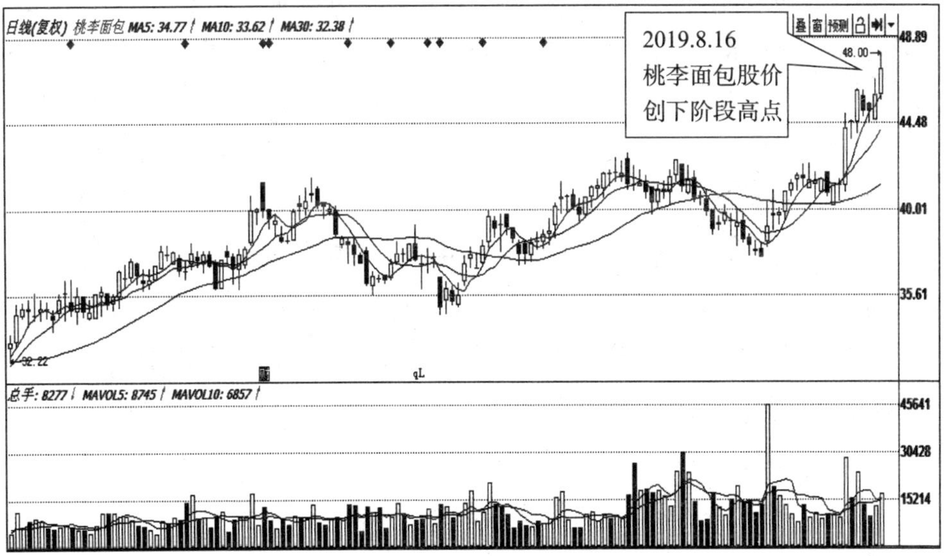

图 5-3　桃李面包（603866）日 K 线走势图

第二节　休闲食品行业投资逻辑

通常情况下，将休闲时食用的膨化食品、瓜子、干果、糖果以及肉制品等称之为休闲食品。随着人们生活水平的提升，休闲食品的市场规模不断扩大。从休闲食品的定义也可以看出，它是人们休闲时食用的食品，它本身就是一种食品，因而与传统的食品界限并不明确。

一、休闲食品行业竞争分析

从整体上来看，近年来，休闲食品行业发展势头很猛，且呈现出线上与线下齐头并进的态势。

1. 休闲食品行业的特点

具体说来，休闲食品行业具有如下 3 个典型特点。

第一，品类繁多，市场分散。休闲食品行业可以细分为多个细分子行业，且几乎每类产品都可以单独构成一个独特的子行业，这就使得这一行业的参与者众多，竞争十分激烈。

第二，行业进入门槛低，缺乏必要的技术壁垒。资本都是逐利的，当一个行业的净利水平尚可，且进入壁垒低或几乎没有行业壁垒时，就会有越来越多的资本进入这一领域，直至这一领域的净利降低到一定水平。目前，休闲食品行业面临着资本蜂拥而入的局面，因此这类企业的竞争形势并不乐观。

第三，消费群体十分广大。休闲食品几乎是所有人都需要的产品，由于休闲食品涵盖的范围很广，使得各阶层的消费者都能找到自己需要的产品。

2. 休闲食品行业的竞争形势

休闲食品行业的竞争形势具有如下 3 个特点。

第一，竞争者来源广泛。参与休闲食品行业竞争的既有外资，也有本土知名企业，更有大量的中小厂商，这就使得该行业的竞争形势十分复杂。由于市场足够庞大，这为各类参与者提供了足够的发展空间。

第二，行业集中度整体并不高，但正在集中。个别领域，行业集中度已经处于较高水平，但由于存在大量中小厂商和农村市场，使得整体的行业集中度仍然不高，这为知名厂商提供了扩大市场占有率的机会。从国际市场情况来看，行业集中度必然会走向集中，那些具备优势的知名厂商已经获得了一定先机。

第三，知名品牌拥有一定的品牌优势，而且这种优势还在进一步扩大。随着人们消费能力的提升以及对食品安全的重视，在挑选休闲食品时，越来越倾向选择大品牌的产品。

3. 各细分领域的竞争形势

休闲食品行业主要包括以下 5 个细分领域，各个领域表现出了不同的竞争态势。

第一，巧克力是一个外资品牌占据绝对主导地位的领域。德芙、费列罗等外资品牌的市场占有率接近一半。

第二，糖果市场由各大知名糖果生产企业掌控，但尚未形成垄断企业。阿尔卑斯、雅克、大白兔等都占据了一定的市场份额。

第三，膨化食品一直由外资品牌占据绝对优势地位，如乐事等。

第四，坚果炒货领域，三只松鼠、良品铺子、百草味等小巨头逐渐崛起，它们占据了绝大多数的线上市场份额。

第五，卤肉制品中，绝味食品、周黑鸭等均占据了一定的市场份额。

二、休闲食品企业投资逻辑

鉴于休闲食品领域竞争激烈的现实情况，在该领域选择投资标的时，投资者需要关注这样 4 个因素。

第一，优先关注细分领域的霸主品牌。无论何种情况下，某一行业内的霸主品牌大都会比其他企业的品牌更容易获得额外收益。这种品牌溢价不是其他企业能够学来的，因此，投资者在选择投资标的时，要考虑休闲食品中各个子行业的垄断品牌或霸主品牌，如洽洽食品、三只松鼠等。

第二，关注绿色休闲食品领域的动态。目前，市场上很多休闲食品存在一定的健康隐患。未来，消费者可能会出于健康的考虑选择一些绿色的、安全的休闲食品，如低糖、低热量、低脂肪、营养价值高的食品。从以往的经验来看，在口感上，绿色休闲食品往往与消费者的需求有一定的距离，这种距离的弥补程度将会决定哪家企业能够从竞争中胜出。

第三，关注新技术与休闲食品的结合。例如，良品铺子就曾经率先将冷冻干燥技术应用于冬枣产品上，开发出了脆冬枣产品。由于技术壁垒不大，很多竞争对手可能会跟风进入。如果某家企业能够开发出具有一定技术壁垒的新产品，那么将会获得更高的超额收益。

第四，在很多休闲食品企业成立初期，特别是以线上销售为主的企业，往往会为了占领市场而不得不牺牲利润。在评估企业时，可从营收规模的扩张和净利润增长两个维度进行评估。对于创立时间较短的企业，可以允许利润较低或负利润，只要市场规模在扩张就可以。毕竟有了市场规模，未来还是容易获得利润的。

三、电商干果业的标杆——三只松鼠

三只松鼠的创立与崛起，是电商行业的一个奇迹，为后来者提供了一个弯道超车的案例。通过主攻线上，三只松鼠短期内就赢得了较大的市场份额，一举成为坚果类休闲食品行业的领军者。

三只松鼠股份有限公司主要从事自有品牌休闲食品的研发、检测、分装及销售。公司主要产品包括坚果系列、干果系列、果干系列、花茶系列、零食系列和礼盒等。

1. 基本产品线与盈利构成

在竞争激烈的坚果休闲食品市场中，三只松鼠占有重要地位，其收入主要来自各类坚果、零食的生产和销售。下面来看一下三只松鼠的产品销售与利润占比情况，如表 5-7 所示。

表 5-7　三只松鼠的产品及收入构成（2018 年度）

业务名称		营业收入（元）	收入比例	营业成本（元）	成本比例	利润比例	毛利率
按产品	坚果	36.96 亿	52.97%	26.49 亿	52.81%	53.38%	28.34%
	零食	24.99 亿	35.80%	17.75 亿	35.39%	36.86%	28.95%
	果干	4.93 亿	7.06%	3.72 亿	7.41%	6.18%	24.61%
	礼盒	1.87 亿	2.68%	1.58 亿	3.15%	1.49%	15.61%
	干果	9 810.60 万	1.41%	5 943.78 万	1.18%	1.97%	39.41%
	花茶	424.71 万	0.06%	196.41 万	0.04%	0.12%	53.75%
	其他	120.84 万	0.02%	111.07 万	0.02%	0.005 0%	8.09%
按地区	华东	27.65 亿	39.63%	—	—	—	—
	华南	9.64 亿	13.81%	—	—	—	—
	华中	9.57 亿	13.71%	—	—	—	—
	华北	8.00 亿	11.46%	—	—	—	—
	西南	6.57 亿	9.42%	—	—	—	—
	东北	5.09 亿	7.29%	—	—	—	—
	西北	3.27 亿	4.69%	—	—	—	—

从表中可以看出，三只松鼠的整个收入主要来自坚果、花茶、零食、果干等的销售，但坚果和零食的销售收入占据了较大比重。从毛利率情况来看，该公司产品的毛利率整体较低，平均在 30% 以下，只有花茶的毛利率稍高，但营收占比很低。

从该公司的毛利率情况可以看出，电商渠道的一个很大问题就是毛利率太低，消费者对价格十分敏感，毕竟各家企业的价格非常透明。在产品同质化的前提下，永远是价格低者更容易获得消费者青睐。三只松鼠创立伊始直至上市这段时间，不停地通过价格战来赢得市场，不过，这种模式的可持续性确实令人怀疑。未来，该企业能否在市场中获得满意收益也未可知。

从产品销售的地域上来看，华东地区属于三只松鼠的核心市场区域，其他区域的销售数据似乎与地方的经济发展水平一致，即经济越发达的地区，坚果等休闲食品的消费越高，反之则越低。

2. 三只松鼠财务数据分析

先来看一下三只松鼠前几年的财务与收益数据情况，如表 5-8 所示。

表 5-8　三只松鼠财务数据

时间	2018	2017	2016	2015	2014
每股收益（元）	0.84	0.84	0.67	—	—
净利润增长率	0.61%	27.7%	—	—	—
营业总收入（亿元）	70.01	55.54	44.23	—	—
每股净资产（元）	3.09	2.24	1.98	—	—
净资产收益率	31.66%	41.26%	56.06%	—	—

从三只松鼠的财务数据情况来看，可以获得这样 3 个事实。

第一，由于三只松鼠为新上市公司，其财务数据只能按照招股书披露的数据统计分析。从近几年的财务数据可以看出，该企业的营收增长势头比较迅猛。未来，该公司有望进一步强化在坚果休闲食品领域的领导地位。

第二，观察三只松鼠的净利情况可知，2018 年净利润增速放缓，但营收放大较为明显，这可能与企业加大促销力度有关。

第三，从三只松鼠的净资产收益率水平来看，该股的净资产收益率一直维持在 30% 以上，这是一个非常不错的数字。不过，投资者要考虑新股首发上市的原因，未来，该股是不可能保持如此高的净资产收益率的。

3. 三只松鼠整体分析

从三只松鼠的财务报表中还可以看到，截至 2018 年年底，该公司手中的现金余额为 8 亿元左右，加上融资上市还能获得 6 亿元以上的现金，短期来看，该股的现金流问题不大。不过，截至 2018 年年底，该股的资产负债率在 60% 以上，达到了非常危险的水平。当然，上市融资后，资产负债率可能会有所改观。该企业的应收账款在 3 亿元以上，预收账款则只有几千万元，说明企业对下游销售商的影响力有限。当然，这可能与企业的合作对象多是诸如天猫、京东等大型网络销售平台有关。

考虑到三只松鼠目前获得的营收主要来自线上，企业的高营收来自力度空前的促销与打折，未来，企业可能会难以保持如此高的营收增长速度。

4. 三只松鼠估值分析

若以 2018 年年底每股收益 0.84 元为基准，并以 20% 的净利润增长率计算（对于新兴企业而言，若净利润无法满足该条件，可将净利润增长率换成营收增长率。也就是说，在企业创建初期需要以利润换市场时，若营收规模保持一定的扩张速度，也可以弥补利润的不足。当然，这里有一个风险，即企业市场规模扩大后无法转换成利润），2019 年的每股收益为 1 元，2020 年的每股收益为 1.21 元。相应地，若以食品加工行业 30 倍左右的市盈率计算，该股 2019 年的合理估值应该在 30 元左右。若考虑到三只松鼠属于新上市企业，可以适当提升其估值倍数至 40 倍（毕竟食品加工行业没有很高的技术壁垒，无法给予太高的估值倍数），则该企业的估值为 40 元。

如图 5-4 所示，自 2019 年 7 月上市以来，三只松鼠的股价走势与其他新股相似，也经历了一波疯狂拉升的过程。其后，该股股价开始震荡整理。从该股股价整理的区间来看，该股股价大部分时间都位于 40 元上方。通过之前对该股的价格分析可知，该股股价的相对合理区间在 30 元到 40 元之间。目前，该股股价已经超过了估值上限。由于三只松鼠为次新股，股价还需要整理一段时间才能回到正常水平，投资者宜多看少动，待股价回到正常波动

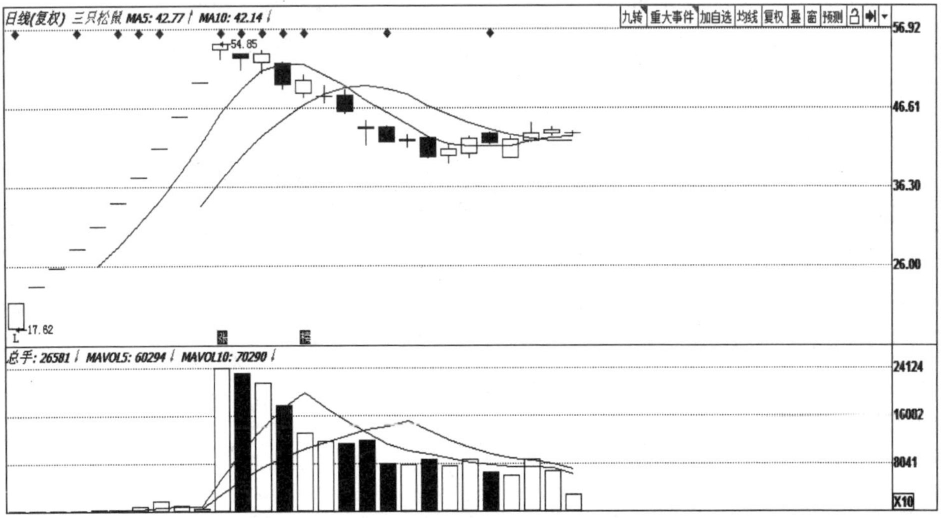

图 5-4　三只松鼠（300783）日 K 线走势图

区间后再入场建仓。

四、老牌休闲食品领导者——洽洽食品

洽洽食品跟三只松鼠一样，同属于休闲食品领域，经营的商品品种多有重合，但洽洽食品所走的道路与三只松鼠完全不同。作为老牌休闲食品的领导者，洽洽食品一直深耕瓜子领域，且采用传统的经销商模式，强化对线下终端的掌控。

洽洽食品股份有限公司是一家以传统炒货、坚果为主营业务，集自主研发、规模生产、市场营销为一体的现代休闲食品企业，被誉为中国炒货行业的领跑者。公司主要产品有葵花籽类、西瓜子类、豆类、南瓜子类、花生类等传统炒货产品，和以开心果、核桃、杏仁等为代表的高档坚果产品。

1. 基本产品线与盈利构成

洽洽食品在葵花籽这一细分领域占有重要位置，其收入主要来自葵花籽、坚果以及其他炒货产品的生产和销售。下面来看一下洽洽食品的产品销售与利润占比情况，如表 5-9 所示。

表 5–9　洽洽食品的产品及收入构成（2018 年度）

业务名称		营业收入（元）	收入比例	营业成本（元）	成本比例	利润比例	毛利率
按行业	休闲食品	41.97 亿	100.00%	—	—	—	—
按产品	葵花籽	28.09 亿	66.94%	18.21 亿	81.76%	91.13%	35.20%
	其他	8.85 亿	21.09%	—	—	—	—
	坚果类	5.02 亿	11.97%	4.06 亿	18.24%	8.87%	19.17%
按地区	南方区	16.22 亿	38.64%	11.15 亿	46.73%	43.87%	31.24%
	东方区	10.77 亿	25.67%	7.05 亿	29.55%	32.24%	34.56%
	北方区	8.42 亿	20.06%	5.66 亿	23.72%	23.88%	32.77%
	电商	2.80 亿	6.68%	—	—	—	—
	海外	2.39 亿	5.70%	—	—	—	—
	其他	1.36 亿	3.25%	—	—	—	—

从表中可以看出，洽洽食品的整个收入主要来自葵花籽、坚果等的销售，但葵花籽占据了较大比重。从毛利率情况来看，葵花籽的毛利率在35%以上，相比三只松鼠平均毛利率均在30%以下的水平，洽洽食品的毛利率还算不错。不过，坚果类产品的毛利率就太低了，只有不足20%的水平。

从收入地区来看，洽洽食品的收入大部分来自南方地区，电商渠道销售占比仅为6.68%，说明洽洽食品的销售侧重线下终端的建设，该企业对终端的掌控能力较强。

2. 洽洽食品财务数据分析

先来看一下洽洽食品前几年的财务与收益数据情况，如表5-10所示。

表5-10　洽洽食品财务数据

时间	2018	2017	2016	2015	2014
每股收益（元）	0.85	0.63	0.70	0.72	0.87
净利润增长率	35.58%	–9.75%	–2.81%	24%	15%
营业总收入（亿元）	41.97	36.03	35.13	33.11	31.13
每股净资产（元）	6.56	6.04	5.82	5.63	8.07
净资产收益率	13.61%	10.74%	12.26%	11.94%	11.01%

从洽洽食品的财务数据情况来看，可以获得这样3个事实。

第一，从净利润增长率来看，最近5年，洽洽食品的净利出现一定程度的起伏，但均值仍在12.4%左右，且2018年达到35.58%。通过最近几年的整固，未来，洽洽食品有望保持较快的发展速度。

第二，观察洽洽食品的营收可知，该公司的营收连续保持上升态势，且在2018年开始出现明显加速。尽管未来可能不会保持这么高的增速，但仍会保持较高的增长水平。

第三，从洽洽食品的净资产收益率水平来看，该股的净资产收益率一直维持在10%以上，这是一个非常不错的数字。未来，若能将净资产收益率提升至15%以上，则更加具备投资价值。

3. 洽洽食品整体分析

从洽洽食品的财务报表还可以看到，截至2018年年底，该公司手中的现金余额为3.76亿元左右。对一家年收入40多亿元的企业来说，当前的现金余额只能算是一般水平。截至2018年年底，该股的资产负债率不到35%，这是一个不错的数字。应收账款为1.8亿元，预收账款为1.35亿元，这是一个比较合理的结构。与三只松鼠相比，洽洽食品对销售终端具有较强的控制能力。

考虑到洽洽食品目前获得的营收主要来自线下，未来企业可能会在线上发力，营收可望进一步放大。

4. 洽洽食品估值分析

若以2018年年底每股收益0.85元为基准，并以20%的净利润增长率计算，2019年的每股收益为1.02元，2020年的每股收益为1.22元。相应地，若以食品加工行业30倍左右的市盈率计算，该股2019年的合理估值应该在30.6元左右。若未来洽洽食品的增速下滑，那么就不得不将估值下调至20倍的水平，即20.4元。

如图5-5所示，2019年年初，随着大盘指数企稳反弹，洽洽食品的股价出现了震荡上扬走势。随后，该股股价与大盘同步震荡回调。2019年7月30日，该股股价在震荡过程中创下了28.36元的阶段高点。通过前面对该股的价格分析可知，该股股价的相对合理区间在20.4元到30.6元之间。目前，该股股价运行于合理估值区间内，投资者可在股价出现回调整理时逐步建仓。

五、卤味食品的领军者——绝味食品

绝味食品与三只松鼠和洽洽食品的销售模式又有不同，它是采用“直营引导＋连锁加盟”的方式进行标准化的门店管理。从某种意义上来说，门店数量直接决定了绝味食品的销售额和利润情况。目前，绝味食品是拥有门店数量最多的休闲食品企业。

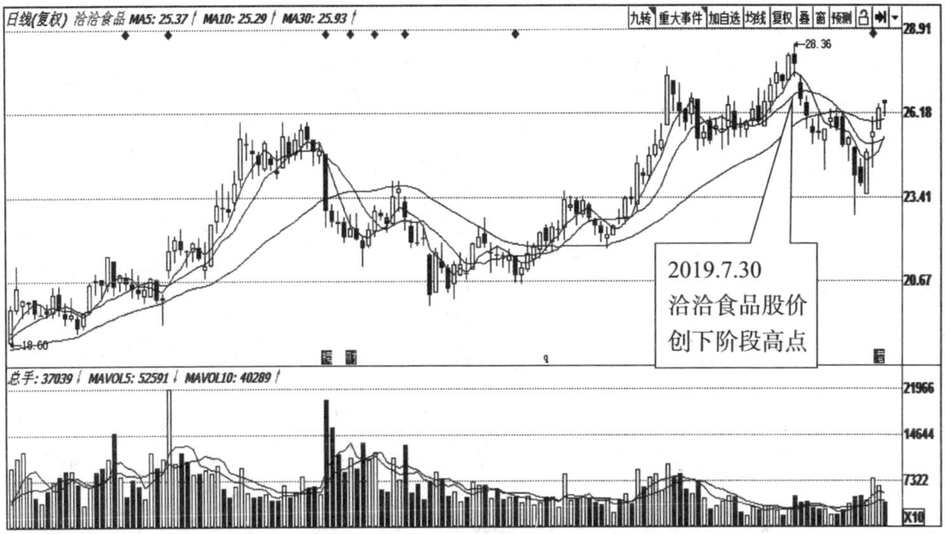

图 5-5　洽洽食品（002557）日 K 线走势图

绝味食品股份有限公司主要从事休闲卤制食品的开发、生产和销售。公司休闲卤制食品主要分为两类：一类是以鸭、鸡、猪等禽畜为原料的休闲卤制肉制品；另一类是以毛豆、萝卜、花生等为原料的休闲卤制素食品。

1. 基本产品线与盈利构成

在卤味食品这一细分领域，绝味食品占有重要的位置，其收入主要来自卤味食品的生产、销售和加盟商管理。下面来看一下绝味食品的产品销售与利润占比情况，如表 5-11 所示。

表 5-11　绝味食品的产品及收入构成（2018 年度）

业务名称		营业收入（元）	收入比例	营业成本（元）	成本比例	利润比例	毛利率
按行业	卤制食品销售	42.13 亿	98.44%	28.01 亿	99.44%	96.51%	33.51%
	加盟商管理	5 320.23 万	1.24%	224.87 万	0.08%	3.48%	95.77%
	其他	1 345.76 万	0.31%	1 341.60 万	0.48%	0.002 8%	0.31%

续　表

业务名称		营业收入（元）	收入比例	营业成本（元）	成本比例	利润比例	毛利率
按产品	其中：禽类制品	34.06 亿	79.58%	22.36 亿	79.36%	80.02%	34.37%
	其中：蔬菜产品	4.45 亿	10.39%	2.98 亿	10.58%	10.03%	32.99%
	其中：其他产品	3.23 亿	7.54%	2.37 亿	8.43%	5.83%	26.43%
	加盟商管理	5 320.23 万	1.24%	224.87 万	0.08%	3.48%	95.77%
	其中：畜类产品	2 687.31 万	0.63%	2 302.74 万	0.82%	0.26%	14.31%
	其他	1 345.76 万	0.31%	1 341.60 万	0.48%	0.002 8%	0.31%
	包装产品	1 301.20 万	0.30%	754.89 万	0.27%	0.37%	41.99%

从表中可以看出，绝味食品的整个收入主要来自卤制品销售和加盟商管理等。从产品细化中可以看出，禽类制品的销售收入明显占据绝对优势地位，这与企业本身的特色产品“绝味鸭脖”有直接的关系。从毛利率情况来看，禽类制品的毛利高于其他产品。

除了基本的产品销售之外，绝味食品还多了一项加盟商管理。这部分收入企业不需要耗费更多的精力就可以获得，而且随着门店的增多，这部分收入还将增加。同时，随着门店的增多，企业各项营收也会同步增加。

2. 绝味食品财务数据分析

先来看一下绝味食品近几年的财务与收益数据情况，如表 5-12 所示。

表 5-12　绝味食品财务数据

时间	2018	2017	2016	2015	2014
每股收益（元）	1.56	1.26	1.06	0.84	0.66
净利润增长率	27.69%	31.93%	26.42%	27.28%	22.57%
营业总收入（亿元）	43.68	38.50	32.74	29.21	26.3
每股净资产（元）	7.38	6.27	4.07	3.28	2.67
净资产收益率	23.07%	22.85%	28.91%	28.43%	27.04%

从绝味食品的财务数据情况来看，可以获得这样 3 个事实。

第一，从净利润增长率来看，最近几年，绝味食品的净利保持了稳定、强势增长的态势。随着门店扩充数量的增加，未来几年内有继续保持增速的可能。

第二，观察绝味食品的营收可知，该公司的整体营收约有 43 亿元。与三只松鼠和洽洽食品相比，绝味食品仍有较大的增长空间。

第三，从绝味食品的净资产收益率水平来看，该股的净资产收益率一直在 20% 以上，这是一个非常不错的数字。

3. 绝味食品整体分析

从绝味食品的财务报表中还可以看到，截至 2018 年年底，该公司手中的现金余额为 7 亿元左右。对一个年收入 40 多亿元的企业来说，当前的现金流非常充沛，这可能与企业上市不久有关。截至 2018 年年底，该股的资产负债率不到 21%，这是一个不错的数字。应收账款可以忽略不计，预收账款为 1.2 亿元，这是一个非常好的水平。

绝味食品的收入来自门店和线上销售，只是仍以门店销售为主。在门店中，直营门店的毛利率高于加盟门店。未来，该公司还会进一步增加门店数量，近期可能就会突破 10 000 家。总体来看，绝味食品有很大的市场空间。

4. 绝味食品估值分析

若以 2018 年年底每股收益 1.56 元为基准，并以 25% 的净利润增长率计算（考虑到前几年的净利润增长率情况，25% 也不是一个很高的数字），2019 年的每股收益为 1.95 元（未考虑分红配股情况），2020 年的每股收益为 2.44 元（未考虑分红配股情况）。相应地，若以食品加工行业 30 倍左右的市盈率计算，该股 2019 年的合理估值应该在 58.5 元左右。该股在 2019 年进行了分红配股，分红之后的股价在 42.5 元左右。若考虑到经济情况可能不佳，可以为该股股价打个 7 折，即 29.75 元。也就是说，若股价低于 29.75 元，就是一个非常理想的入手价位了。

如图 5-6 所示，2019 年年初，随着大盘指数企稳反弹，绝味食品的股价出现了震荡上扬的走势。随后，大盘出现调整时，该股股价进行横向震荡，强势尽显。2019 年 7 月 2 日，该股股价在震荡过程中创下了 41.37 元的阶段高点。通过前面的价格分析可知，该股股价的相对合理区间在 29.75 元到 42.5 元之间。目前，该股股价运行于合理估值区间内，投资者可在股价回调整理时逐步建仓。

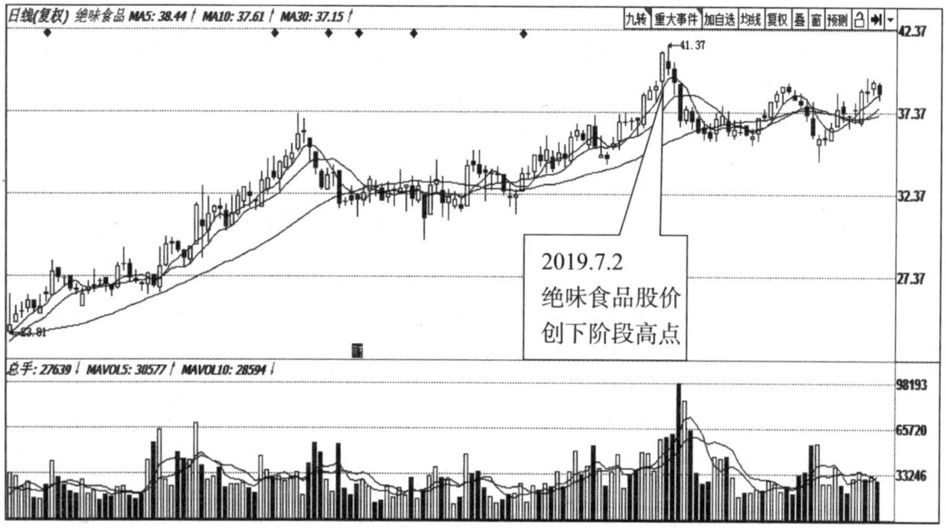

图 5-6 绝味食品（603517）日 K 线走势图

第三节 调味品行业投资逻辑

调味品，是指能够添加在菜肴中，提升菜肴色、香、味，促进食欲，有益于人体健康的辅助食品。从广义上讲，调味品包括咸味剂、酸味剂、甜味剂、鲜味剂和辛香剂等，像食盐、酱油、醋、味精、糖（另述）、八角、茴香、花椒、芥末等都属此类。

一、调味品行业竞争分析

调味品，作为食品行业的一个分支，与食品行业整体竞争态势相似，包括如下 3 个显著特点。

第一，规模巨大，品类众多。由于国内人口基数非常庞大，因而整个调味品市场规模也非常大，且调味品的种类很多，这就为各类厂商提供了一定的市场机会，使得整个调味品市场竞争者众多。

第二，行业集中度偏低，正在趋向集中。目前，在调味品领域，不存在占据过多市场份额的垄断性企业，整个市场格局非常分散。只有个别小的细分领域，涌现出了若干具有一定垄断优势的产品，如王守义十三香、老干妈等。其他子行业知名品牌如涪陵榨菜、海天酱油等，其市场占有率仍然不到20%。特别是考虑到国外调味品行业的集中度情况，国内的调味品企业仍有很大的成长空间。

第三，随着消费升级，调味品行业也有一定的升级需求。由于人们生活水平的提升，对调味品不仅是需要的问题，而是需要更好的、健康的，因此，具有一定品牌优势的调味品将会脱颖而出，一些中小厂商则会面临很大的生存压力。

二、调味品企业投资逻辑

按照食品行业的投资逻辑，在选择调味品行业的投资标的时，依旧优先选择具有品牌、业绩优势的企业。

第一，关注调味品行业中的知名品牌或垄断品牌。在消费者选购时，这些品牌具有明显的优势。随着人们生活水平的提升，消费者购买调味品时，会更加注重品牌产品。比如，重点关注酱油产品中的海天味业、榨菜中的涪陵榨菜等。

第二，关注调味品的升级需求。消费者对调味品的质量与口感等都存在一定的升级要求，未来看哪家企业能够满足消费者的这一需求。

第三，关注调味品涨价的逻辑。掌握行业定价权的企业就拥有了涨价的权力。由于调味品整体价格不高，当企业在一定程度内提升售价时，消费者的反应往往并不强烈，这就使得涨价成为这些企业提升净利率的绝招。当然，如果企业的涨价逻辑失灵，往往意味着市场对其认可度开始打折扣，投资者必须慎重对待这些企业。也就是说，任何一家企业都不能总靠涨价来提升净利。

第四，关注行业的天花板。在调味品行业中，一家企业若能占领一个细分行业 30% 左右的份额，就已经接近行业天花板了。企业再继续扩大市场占有率将会越来越困难。当然，目前国内的调味品企业还没有一家能够接近这一数字，但未来有可能达到。也就是说，当这些企业接近行业天花板时，原有的估值逻辑都必须进行调整，因为再继续增长将会变得异常困难。

三、酱油行业的领军者——海天味业

作为酱油领域的龙头老大，海天味业拥有较高的市场占有率。佛山市海天调味食品股份有限公司，一直专注于调味品的生产和销售。目前，公司生产的调味品涵盖了酱油、调味酱、蚝油、鸡精鸡粉、味精、调味汁等多个系列，其中酱油、调味酱、蚝油是公司最主要的产品。

目前，从整体上来看，国内酱油市场已经接近饱和状态。特别是随着人们的饮食习惯开始倾向清淡，酱油市场增长潜力有限。对少数品牌商而言，通过抢占中小厂商的市场来扩充自己的市场占有率，仍是不二选择，毕竟目前酱油市场的行业集中度很低。

1. 基本产品线与盈利构成

在竞争激烈的调味品市场中，海天味业占有重要地位，其收入主要来自各类酱油、蚝油以及调味酱的生产和销售。下面来看一下海天味业的产品销售与利润占比情况，如表 5-13 所示。

表 5-13 海天味业的产品及收入构成（2018 年度）

业务名称		营业收入（元）	收入比例	营业成本（元）	成本比例	利润比例	毛利率
按行业	食品制造业	163.07 亿	100.00%	84.70 亿	100.00%	100.00%	48.06%
按产品	酱油	102.36 亿	67.41%	50.62 亿	64.55%	70.48%	50.55%
	蚝油	28.56 亿	18.81%	16.87 亿	21.51%	15.92%	40.92%
	调味酱	20.92 亿	13.78%	10.93 亿	13.94%	13.61%	47.75%

续　表

业务名称		营业收入（元）	收入比例	营业成本（元）	成本比例	利润比例	毛利率
按地区	北部区域	44.26 亿	27.14%	23.02 亿	27.18%	27.11%	47.99%
	南部区域	35.12 亿	21.54%	18.41 亿	21.74%	21.32%	47.58%
	东部区域	34.94 亿	21.43%	18.48 亿	21.82%	21.00%	47.11%
	中部区域	31.57 亿	19.36%	16.12 亿	19.03%	19.72%	48.95%
	西部区域	17.17 亿	10.53%	8.67 亿	10.23%	10.85%	49.52%

从表中可以看出，海天味业的整个收入主要来自酱油、蚝油和调味酱等的销售，其中酱油销售占据了绝对的主导地位。酱油产品的销售额占企业收入的比例高达 67.41%，利润占比更是高达 70.48%。从毛利率情况来看，该公司产品的毛利率相对较高，特别是酱油产品的毛利率高达 50.55%。

在影响企业产品的毛利率因素中，原材料成本是很重要的因素。酱油产品的核心原材料是黄豆。目前，由于中美贸易战愈演愈烈，黄豆价格受贸易战影响很大，很可能会对企业的毛利率产生一定冲击，投资者需要适当地给予关注。

2. 海天味业财务数据分析

先来看一下海天味业近几年的财务与收益数据情况，如表 5-14 所示。

表 5-14　海天味业财务数据

时间	2018	2017	2016	2015	2014
每股收益（元）	1.62	1.31	1.05	0.93	1.4
净利润增长率	23.6%	24.21%	13.29%	20.06%	30.12%
营业总收入（亿元）	170.34	145.84	124.59	112.94	98.17
每股净资产（元）	5.14	4.35	3.70	3.23	4.98
净资产收益率	32.66%	31.12%	32%	32%	33%

从海天味业的财务数据情况来看，可以获得这样 3 个事实。

第一，海天味业的净利润增长情况比较稳定和强劲。近几年来，净利润的平均增长率达到了 20% 以上，保持着强劲的增长态势。这说明海天味业的经营状况比较稳定，未来有望继续保持。

第二，观察海天味业的营收状况可以发现，近几年来，营业总收入持续增长，达到了 170 亿元。海天味业的市场占有率达到了 20%，未来继续扩张的难度可能会增加。

第三，从海天味业的净资产收益率水平来看，该股的净资产收益率一直维持在 30% 以上，是一个非常不错的数字，这说明海天味业是一个非常理想的投资标的。

3. 海天味业整体分析

从海天味业的财务报表中还可以看到，截至 2018 年年底，该公司手中的现金余额接近 95 亿元，这是一个非常庞大的现金规模，甚至超过了企业年营收的一半以上。另外，截至 2018 年年底，该股的资产负债率为 30% 左右，是一个非常理想的水平。同时，该企业的商誉价格为 3 000 多万元，处于较低水平。该企业的预收账款高达 30 亿元以上，说明企业对下游经销商控制能力较强。

海天味业的市场规模和盈利具备上升潜力：第一，借助品牌优势，有望提升市场占有率；第二，作为酱油领域的龙头，有提价空间；第三，高端产品仍有上升空间。尽管该股的整体水平较佳，但也存在一定的隐患。截至 2019 年 8 月，该股市值已经达到 2 800 亿元，这是一个极高的水平，未来继续走高的风险较大。

4. 海天味业估值分析

若以 2018 年年底每股收益 1.62 元为基准，并以 20% 的净利润增长率计算，2019 年的每股收益为 1.94 元，2020 年的每股收益为 2.33 元。相应地，若以食品加工行业 30 倍左右的市盈率计算，该股 2019 年的合理估值应该在 58.2 元左右。

如图 5-7 所示，2019 年年初，随着大盘指数企稳反弹，海天味业的股价出现震荡上扬走势。随后，该股股价与大盘同步震荡回调。2019 年 7 月 1 日，该股股价在震荡过程中创下 108.55 元的阶段高点。通过前面对该股的价格分析可知，该股股价的相对合理估值应该在 58.2 元左右。目前，该股股价运行于合理估值上方，且远远高于估值。出于投资安全考虑，最好等股价回到估值下方时入场建仓。

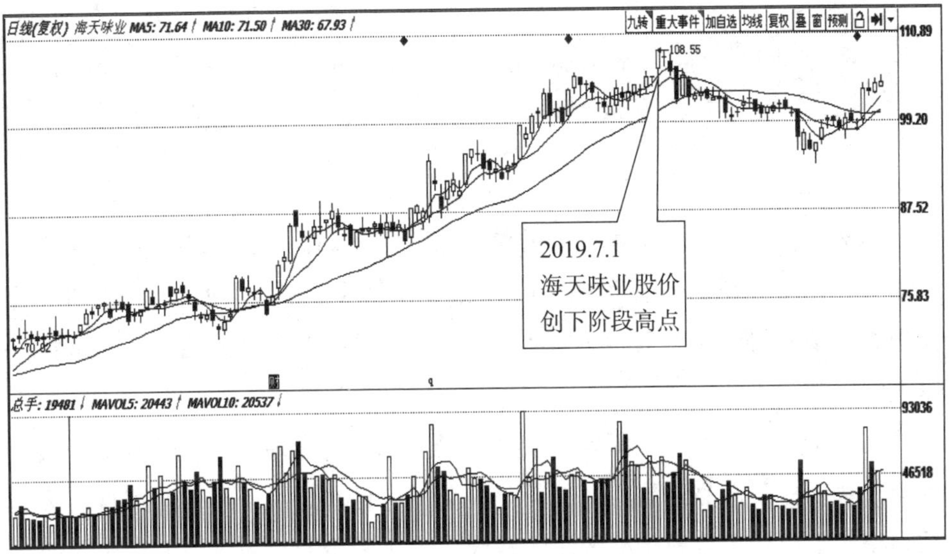

图 5-7　海天味业（603288）日 K 线走势图

四、榨菜中的小霸主——涪陵榨菜

在整个下饭菜领域，涪陵榨菜占有重要的地位。重庆市涪陵榨菜集团股份有限公司，是一家从事榨菜产品、榨菜酱油和其他佐餐开胃菜等方便食品研制、生产和销售的公司，公司主导产品为乌江牌系列榨菜。经过 20 多年的生产经营，公司形成了年产 6.1 万吨榨菜产品的自有产能，成为中国最大的榨菜加工企业，榨菜腌菜制品全国市场占有率第一。

1. 基本产品线与盈利构成

在竞争激烈的下饭菜市场中，涪陵榨菜占有重要地位，其收入主要来自各类榨菜、泡菜以及各类开胃菜的生产和销售。下面来看一下涪陵榨菜的产品销售与利润占比情况，如表 5-15 所示。

表 5-15　涪陵榨菜的产品及收入构成（2019 年年中）

业务名称		营业收入（元）	收入比例	营业成本（元）	成本比例	利润比例	毛利率
按行业	食品加工	10.85 亿	100.00%	4.49 亿	100.00%	100.00%	58.60%
按产品	榨菜	9.24 亿	85.22%	3.65 亿	81.29%	87.99%	60.51%
	其他佐餐开味菜（含海带丝和萝卜产品）	8 341.50 万	7.69%	4 141.21 万	9.22%	6.61%	50.35%
	泡菜	7 564.11 万	6.97%	4 156.07 万	9.26%	5.36%	45.06%
	榨菜酱油	125.30 万	0.12%	100.93 万	0.22%	0.04%	19.44%

从表中可以看出，涪陵榨菜的整个收入主要来自榨菜、泡菜、开胃菜以及榨菜酱油等的销售，榨菜销售收入占企业总收入的 85.22%。从毛利率情况来看，该公司产品的毛利率整体较高，特别是榨菜产品的毛利率高达 60% 以上。

与酱油产品相似，在影响企业产品的毛利率因素中，原材料成本是很重要的一块。榨菜产品的核心原材料是青菜头。也就是说，企业的原材料成本受青菜头供应情况以及价格的影响较大。为了减少原材料价格波动对企业利润的影响，企业相继在各地新建了原料窖池，并与基地农户合作，帮助其提升青菜头产量。总之，未来企业的原材料供应是有足够保证的。

2. 涪陵榨菜财务数据分析

先来看一下涪陵榨菜近几年的财务与收益数据情况，如表 5-16 所示。

表 5-16　涪陵榨菜财务数据

时间	2018	2017	2016	2015	2014
每股收益（元）	0.84	0.52	0.49	0.49	0.66
净利润增长率	59.78%	61%	63.46%	19.23%	-6.15%
营业总收入（亿元）	19.14	15.2	11.21	9.31	9.06
每股净资产（元）	3.13	2.44	2.98	4.18	5.66
净资产收益率	30.08%	23.76%	17.56%	12.85%	12.12%

从涪陵榨菜的财务数据情况来看，可以获得这样 3 个事实。

第一，从涪陵榨菜的净利润增长率来看，该公司的利润增速较高且较为稳定。不过，一家连续多年利润高速增长的企业，总会在某一时期出现下滑。当然，这并不意味着一定是企业拐点显现，还可能是企业进行的自主调整与整固。正如人们常说的，有时休息一下是为了跑得更快、更好。

第二，观察涪陵榨菜的营收可知，截至 2018 年年底，该公司的营收总规模还未突破 20 亿元，未来仍有很大的成长空间。

第三，从涪陵榨菜的净资产收益率水平来看，该股的净资产收益率一路上行。到了 2018 年，达到了 30% 的水平，这是一个非常高的水准，说明该股是一个较佳的投资标的。

3. 涪陵榨菜整体分析

从涪陵榨菜的财务报表还可以看到，截至 2018 年年底，该公司手中的现金余额为 11.28 亿元左右，这一现金规模超过了企业年度营收的一半，是一个非常不错的数字。截至 2018 年年底，该股的资产负债率仅为 17.03%，这是一个非常理想的水平。该企业的应收账款很少，而预收账款则有 1.5 亿元左右，说明企业对下游经销商的控制力较强。基于以上分析，可以这样认为，该股资产质量较佳，是一个值得投资的标的。

未来，该股的营收与净利继续走强的概率很大，这主要基于 3 个原因：第一，涪陵榨菜具有较强的品牌优势，有望提升市场占有率；第二，作为榨菜领域的龙头，仍有提价空间；第三，高端产品，仍有上升空间。

4. 涪陵榨菜估值分析

若以 2018 年年底每股收益 0.84 元为基准，并以 10% 的净利润增长率计算（2019 年中报显示，该企业半年营收增速回落，可调低本年度的净利增速），2019 年的每股收益为 0.92 元；2020 年的净利增速有望恢复至 20%，则每股收益为 1.1 元。相应地，若以食品加工行业 30 倍左右的市盈率计算，该股 2019 年的合理估值应该在 27.6 元左右。若考虑到涪陵榨菜面临的竞争形势，以及未来增速可能会出现回落，将估值调整至 20 倍，则其合理估值为 18.4 元。

如图 5-8 所示，2019 年年初，随着大盘指数企稳反弹，涪陵榨菜的股价出现震荡上扬走势。随后，该股股价与大盘同步震荡回调。2019 年 4 月 1 日，该股股价创下 31.78 元的阶段高点后回调。2019 年 7 月底，该股年中业绩预告半年净利仅增长 3.14%，这与市场预期出现较大落差，股价开始大幅回落。2019 年 8 月中旬，股价下跌至 21 元左右的位置。通过前面对该股的估值可知，该股合理价格应该在 18.4 元到 27.6 元之间。该股股价在 8 月份出现的回落，其实仅仅是一次价值回归，对于想要入场持有该股的投资者而言，2019 年 8 月下旬是一个不错的买入机会。当然，投资者最好不要一次性满仓，而要逐步建立仓位，并且长期持仓。

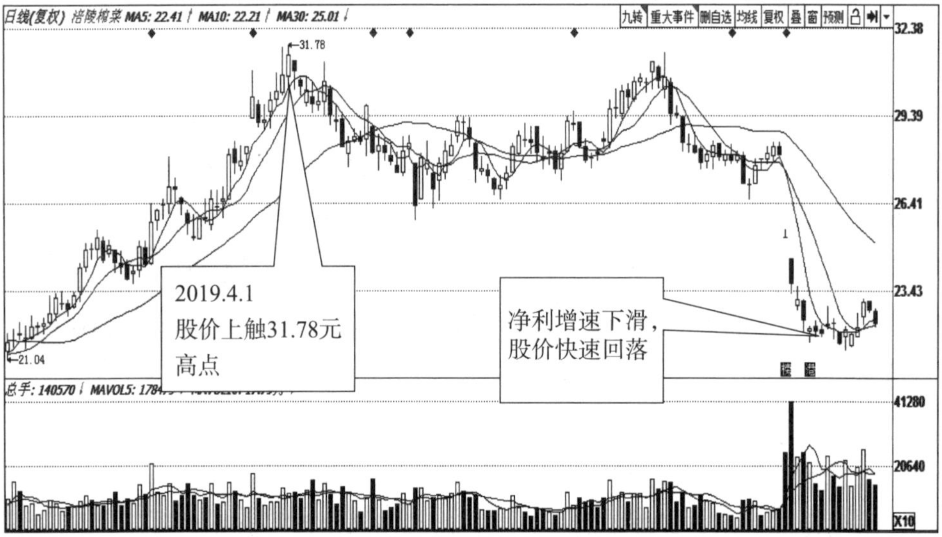

图 5-8 涪陵榨菜（002507）日 K 线走势图

第四节 乳制品行业投资逻辑

乳制品，指的是使用牛乳或羊乳及其加工制品为主要原料，加入或不加入适量的维生素、矿物质和其他辅料，按照法律法规及标准规定要求的条件，经加工制成的各种食品。

一、乳制品行业竞争分析

近些年来，乳制品行业已经成为发展比较迅猛的一个行业。随着人们越来越重视健康饮食，居民人均饮奶量从20年前的不足6公斤，增加到现在的人均36公斤，北京、上海、广州等一线城市更是超过了50公斤。尽管如此，我国的人均年饮奶量仍不足世界平均水平的1/3，乳制品行业还有很大的发展潜力。

1.乳制品行业的特点

面对行业快速发展的现实情况，乳制品行业呈现出如下5个显著特点。

第一，原奶供应量稳中偏紧。自2008年以来，我国奶牛存栏数量一直处于稳定状态，并未出现增长。与此相应，原奶需求量却逐年增长，这在一定程度上造成了原奶供应偏紧的情况。

第二，乳制品消费中仍以常温奶为主，但酸奶增长迅猛。在乳制品领域，常温奶的市场规模仍然十分庞大，且每年处于增长趋势中，酸奶的增速要比常温奶快很多。

第三，乳制品的价格处于上升趋势中。未来，随着原奶供应的紧张以及对乳业安全控制标准的强化，乳制品的价格可能会进一步走高。同时，掌握了终端市场的乳业巨头也握有一定的提价权。

第四，高蛋白奶市场的争夺日趋明朗化。高蛋白奶是与高定价联系在一起的，因而各大乳品企业都投入到了这一市场的争夺之中。不过，经过几年的搏杀，伊利和蒙牛仍占据着较大的市场份额。

第五，含乳饮料市场规模扩张明显。近几年来，以乳酸菌为代表的含乳饮料市场发展非常迅猛，不过，市场有被几大乳业巨头瓜分的趋势。

2.乳制品行业的竞争格局

乳制品行业的竞争呈现如下3个鲜明特征。

第一，区域品牌与乳业巨头争夺终端市场。在很多终端市场上，地方性品牌与乳业巨头品牌共存。但在价格和销量方面，乳业巨头品牌都要优于地方性品牌。

第二，在高端乳品市场，外资乳业巨头占有一定份额。近几年来，尽管国产乳业巨头发力高端乳业市场，但外资乳业品牌仍占有一定份额。三聚氰胺事件后，消费者明显更加信任外资乳业品牌。目前，国产乳业品牌的信任度还没有完全恢复，特别是在高端消费人群中，重建信任比较困难。

第三，随着低温酸奶更受市场青睐，整个乳业市场的集中度开始趋向集中。

二、乳制品企业投资逻辑

与其他消费品行业相似，乳制品行业属于趋向成熟的竞争市场，很难产生有差异化的产品。因此，在选择投资标的时，投资者需要遵循最简单的投资逻辑。

第一，赢家通吃，追随行业霸主企业。目前，国内乳制品行业处于“两超多强”的时代，即伊利与蒙牛属于第一集团，且与其他乳制品企业拉开了较大距离，因此，伊利与蒙牛成为投资乳制品行业的首选标的。当然，具体什么时候买入合适，还要根据企业的估值以及股价来确定。

第二，关注高端乳制品行业动向。高端乳制品行业是一个利润非常丰厚的领域，也是多家乳制品企业竞争追逐的市场。目前，伊利金典、蒙牛特仑苏等都拥有较高的市场份额。当然，还有一些外资品牌也占据了较大的市场份额。

第三，营收增长与行业天花板问题。在一个充分竞争的行业中，企业的营收增长会变得非常困难。如果行业整体规模遇到天花板，那么业内企业的营收就会放缓，甚至下滑。因此，在给企业赋予估值倍数时，需要考虑这种因素。

第四，考虑行业的周期性问题。尽管乳制品行业具有很强的逆周期性特征，但存在行业的低谷期和高潮期。以三聚氰胺事件为转折点，至今仍为乳业的复苏期，整个乳制品行业仍处于修复周期中，未来可能会有更好的上升势头。当然，如果乳业进入衰退期，或出现特殊事件尤其是食品安全事件，那么需要远离这类股票。

三、乳制品的代表——伊利股份

在很长一段时间内，国内乳业市场一直存在伊利与蒙牛双雄争霸的局面。近年来，伊利股份逐渐拉大了与蒙牛乳业之间的距离，成为投资者理想的投资标的。

内蒙古伊利实业集团股份有限公司，是一家主要经营液体乳及乳制品和混合饲料制造业务的公司，公司主要产品有液体乳、冷饮系列、奶粉及奶制品、混合饲料等。该公司是国家 520 家重点工业企业和国家八部委首批确定的全国 151 家农业产业化龙头企业之一。公司下设液态奶、冷饮、奶粉、酸奶和原奶 5 大事业部，所属企业 80 多个，生产“伊利”牌雪糕、冰淇淋、奶粉、酸奶等 1 000 多种产品。

1. 基本产品线与盈利构成

在整个乳业市场中，伊利股份占有重要位置，其收入主要来自液态奶、奶粉以及冷饮产品的生产和销售。下面来看一下伊利股份的产品销售与利润占比情况，如表 5-17 所示。

表 5-17　伊利股份的产品及收入构成（2018 年度）

业务名称		营业收入（元）	收入比例	营业成本（元）	成本比例	利润比例	毛利率
按行业	液体乳及乳制品制造业	787.21 亿	100.00%	489.36 亿	100.00%	100.00%	37.84%
按产品	液体乳	656.79 亿	83.43%	425.53 亿	86.96%	77.65%	35.21%
	奶粉及奶制品	80.45 亿	10.22%	36.38 亿	7.43%	14.79%	54.78%
	冷饮产品	49.97 亿	6.35%	27.45 亿	5.61%	7.56%	45.06%
按地区	其他	335.95 亿	42.68%	204.38 亿	41.76%	44.17%	39.16%
	华北	238.51 亿	30.30%	150.81 亿	30.82%	29.44%	36.77%
	华南	212.74 亿	27.03%	134.17 亿	27.42%	26.38%	36.93%

从表中可以看出，在伊利股份的整个收入中，液体乳、奶粉以及冷饮产品的销售额比较高，且以液体乳的销售额最高，占到公司总收入的 83.43%。

不过，从毛利率构成情况来看，奶粉以及奶制品的毛利率显然高于液体乳。从整个乳业的毛利率水平来看，伊利股份的毛利率显然高于行业平均水平。与其他奶制品企业相比，伊利股份在液体奶领域具有明显优势。

从收入地区来看，伊利股份的收入来源地相对比较均衡，包括华北和华南两大区域，其他地区的销售占比也很高。

总之，从伊利产品结构和毛利率情况来看，该企业因处于龙头位置，与其他乳制品企业相比，其优势比较明显。

2. 伊利股份财务数据分析

先来看一下伊利股份前几年的财务与收益数据情况，如表 5-18 所示。

表 5-18 伊利股份财务数据

时间	2018	2017	2016	2015	2014
每股收益（元）	1.06	0.99	0.93	0.76	1.35
净利润增长率	7.31%	5.99%	22.24%	11.76%	30.03%
营业总收入（亿元）	795.53	680.58	606.09	603.6	544.36
每股净资产（元）	4.59	4.13	3.81	3.30	6.08
净资产收益率	24.33%	25.22%	26.58%	23.87%	23.66%

从伊利股份的财务数据情况来看，可以获得这样 3 个事实。

第一，从净利润增长率来看，最近 5 年，伊利股份的净利情况出现一定程度的回落，但均值仍然在 15.46% 左右。其实，这与伊利股份所占的市场份额很高，距离行业天花板越来越近有关。未来，随着企业规模扩大，企业利润的增长难度将会越来越大。

第二，观察伊利股份的营收可知，该公司的营收连续保持上升态势，且在 2018 年仍旧保持强势上升。未来，该公司的营收维持上升格局的可能性很高，但难度会越来越大。

第三，从伊利股份的净资产收益率水平来看，该股的净资产收益率一直维持在 20% 以上，是一个非常不错的数字，这说明该股属于一个优质的投资标的。

3. 伊利股份整体分析

从伊利股份的财务报表中还可以看到，截至 2018 年年底，该公司手中的现金余额为 110 亿元以上，这是一个非常不错的水平。截至 2018 年年底，该股的资产负债率在 40% 左右，这是一个可以接受的水平。应收账款为 11 亿元左右，预收账款为 44 亿元，这是一个比较合理的结构。由此可见，伊利股份对销售终端具有较强的控制力。另外，该公司账面确认的商誉资产很少，未来商誉爆雷的可能性很低。

总之，伊利股份的资产质量较高，加之其本身作为乳制品行业的领军者，更加可以确认这是一个值得投资的标的。

4. 伊利股份估值分析

若以 2018 年年底每股收益 1.06 元为基准，并以 10% 的净利润增长率计算，2019 年的每股收益为 1.16 元，2020 年的每股收益为 1.28 元。相应地，若以食品加工行业 30 倍左右的市盈率计算，该股 2019 年的合理估值应该在 34.8 元左右。若未来伊利股份增速下滑，那么就不得不将估值下调至 20 倍的水平，即 23.2 元。

如图 5-9 所示，2019 年年初，随着大盘指数企稳反弹，伊利股份的股价

图 5-9　伊利股份（600887）日 K 线走势图

出现震荡上扬的走势。随后，该股股价与大盘同步震荡回调。2019 年 8 月 23 日，该股股价在震荡过程中收出 28.6 元。通过前面对该股的价格分析可知，该股股价的相对合理区间在 23.2 元到 34.8 元之间。目前，该股的股价运行于合理估值区间，投资者可在股价出现回调整理时逐步建仓。

四、地方乳制品标杆——三元股份

在乳业市场中，除了伊利和蒙牛两大全国性乳业巨头外，还有割据一方的地方性乳业巨头，如三元股份在北京市场拥有较高的市场占有率，光明乳业则占据了上海市场较大的份额。

北京三元食品股份有限公司是一家以奶业为主，兼营麦当劳快餐的中外合资股份制企业。公司主要产品包括液态奶和固态奶。公司是农业部（现农业农村部）、证监会等八部委认定的国家农业产业化重点龙头企业，我国首批获得学生奶生产资格的 7 家企业之一。

1. 基本产品线与盈利构成

在北京地区的乳业市场中，三元股份占有重要的位置，其收入主要来自液态奶、固态奶以及冰淇淋、涂抹酱产品的生产和销售。下面来看一下三元股份的产品销售与利润占比情况，如表 5-19 所示。

表 5-19　三元股份的产品及收入构成（2018 年度）

业务名称		营业收入（元）	收入比例	营业成本（元）	成本比例	利润比例	毛利率
按行业	乳制品	72.85 亿	100.00%	48.31 亿	100.00%	100.00%	33.68%
按产品	液态奶	40.03 亿	54.96%	28.14 亿	58.24%	48.49%	29.72%
	冰淇淋	13.05 亿	17.91%	8.35 亿	17.28%	19.16%	36.03%
	固态奶	11.40 亿	15.65%	8.50 亿	17.59%	11.81%	25.42%
	涂抹酱	8.37 亿	11.49%	3.33 亿	6.89%	20.54%	60.24%
按地区	北京地区以外	37.39 亿	51.33%	25.38 亿	52.53%	48.98%	32.14%
	北京	35.45 亿	48.67%	22.93 亿	47.47%	51.02%	35.32%

从表中可以看出，三元股份的整个收入中，液态奶、冰淇淋、固态奶以及涂抹酱产品的销售额都比较高，且以液态奶的销售额最高，占到公司总收入的 54.96%。不过，从毛利率构成情况来看，涂抹酱的销售额最低，但毛利率最高。从整个乳业的毛利率水平来看，三元股份的毛利率并不占优势。

从收入地区上来看，三元股份的收入来源地集中于北京地区，该地区的销售收入占比接近 50%。从历年销售收入的构成来看，北京地区以外的销售占比逐年提升，特别是 2018 年占比超过了 50%。这说明三元股份逐步由地区性品牌走向全国，参与全国竞争。当然，这种走向全国的过程不会一帆风顺，其势必跟伊利、蒙牛两大巨头发生正面冲突。加之乳品行业技术壁垒很低，伊利和蒙牛已经在销售终端占得先机，给其他品牌的机会已经不多了。

2. 三元股份财务数据分析

先来看一下三元股份近几年的财务与收益数据情况，如表 5-20 所示。

表 5-20　三元股份财务数据

时间	2018	2017	2016	2015	2014
每股收益（元）	0.12	0.05	0.07	0.06	0.06
净利润增长率	137.25%	-34.61%	3.26%	105.44%	124.19%
营业总收入（亿元）	74.56	61.21	58.54	55.23	45.34
每股净资产（元）	3.32	3.22	3.16	3.74	1.77
净资产收益率	3.69%	1.59%	1.93%	1.6%	3.45%

从三元股份的财务数据情况来看，可以获得这样 3 个事实。

第一，从净利润增长率来看，最近几年，三元股份的净利出现一定程度的起伏，且整体净利润水平较低。三元股份的净利走势与乳业整体状况比较吻合，对于区域性乳业企业而言，竞争越激烈，获利就越困难。

第二，观察三元股份的营收可知，该公司的营收连续保持上升态势，且在 2018 年仍旧保持强势上升。未来，随着公司走出北京的步伐加大，营收增长趋势还将保持。另外，由于整体营收与伊利、蒙牛尚存较大距离，未来增长空间很大。

第三，从三元股份的净资产收益率水平来看，该股的净资产收益率一直维持在4%以下，这并不是一个理想的水平，甚至比银行定期存款利率还要低，很难将其看成理想的投资标的。

3. 三元股份整体分析

从三元股份的财务报表中还可以看到，截至2018年年底，该公司手中的现金余额为19亿元，这是一个不错的水平。截至2018年年底，该股的资产负债率在55.75%左右，这是一个值得警惕的水平。应收账款为10亿元左右，预收账款仅为1.65亿元左右，这并不是一个合理的结构，即应收账款太多，影响了企业的营运与发展。由此可见，三元股份对销售终端的控制力较弱。该公司的商誉在16.82亿元左右，远比企业的利润高，未来商誉存在爆雷的隐患。

总之，三元股份的资产质量一般，考虑其在北京地区的特殊地位，未来无论是业绩还是资产质量，均存在改进的空间。

4. 三元股份估值分析

若以2018年年底每股收益0.12元为基准，并以30%的净利润增长率计算（由于三元股份每股收益较低，因而净利波动可能会很大），2019年的每股收益为0.16元，2020年的每股收益为0.2元。相应地，若以食品加工行业30倍左右的市盈率计算，该股2019年的合理估值应该在4.8元左右。若未来三元股份增速下滑，就不得不将估值下调至20倍的水平，即3.2元。

如图5-10所示，2019年年初，随着大盘指数企稳反弹，三元股份的股价出现震荡上扬的走势。随后，该股股价与大盘同步震荡回调。2019年8月23日，该股股价在震荡过程中收出5.5元。通过前面对该股的价格分析可知，该股股价的相对合理区间在3.2元到4.8元之间。目前，该股股价略高于估值区域。针对这类低价格的区域性品牌，投资者可保持关注，一旦业绩拐点临近，则可入场建仓，否则还是以观望为主。

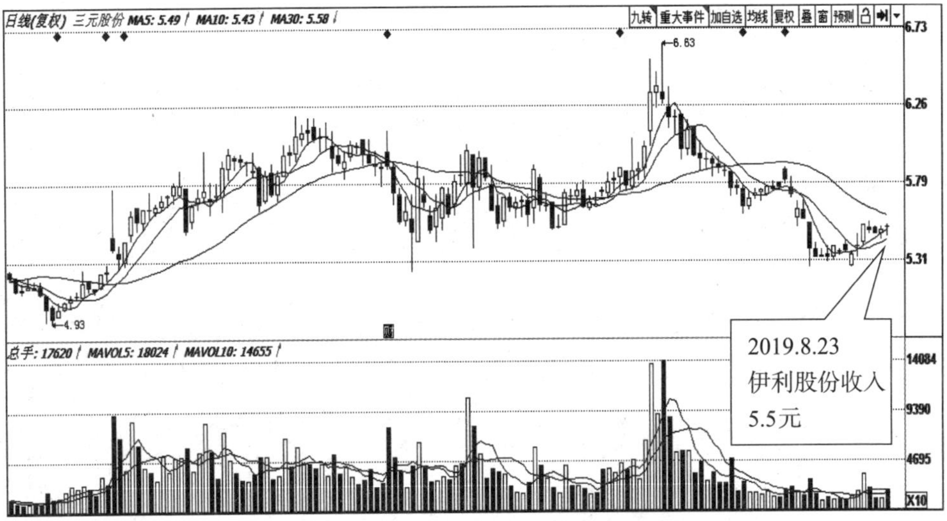

图 5-10 三元股份（600429）日 K 线走势图

第六章

家电类消费品投资研究

家电类消费板块是一个白马股频出的领域。通常所说的家电板块，主要包括家居家电类、厨房家电类、个人护理小家电类和3C（包括手机、通信以及家庭用数码产品等）产品类。

第一节　家居家电类行业投资逻辑

家居家电类，是整个家电板块最大的一个分类，也是价值最高的分类。该类别中包括通常所用的体积相对较大的家电，如冰箱、洗衣机、空调、电视等。

一、家居家电行业竞争分析

经过几十年的快速发展，家居家电行业已经步入升级换代的发展周期，整个行业的发展与竞争态势都出现了一些新的变化。

1. 家居家电行业发展的新特点

家居家电行业市场发展，展现出如下5个显著的新特点。

第一，我国家电行业的发展从数量增长变为质量升级。随着家电的普及，越来越多的消费者购买家电产品将不再是补充家庭所需，而是追求升级换代。这类需求不同于以往的需求，对价格敏感度不高，而对产品的质量、功能、技术含量以及消费体验等要求较多。

第二，从外资品牌占主导变为内资品牌占主流。经过一轮又一轮的充分竞争，很多国内家电企业在竞争中脱颖而出，打破了以前由外资品牌占主导的局面。同时，由于内资品牌的家电产品在质量、性能方面与外资品牌没有实质性差距，但价格便宜很多，使得越来越多的消费者倾向于选择内资品牌家电产品。

第三，由偏向内销转向重视外销。经过多年的发展，国内家电企业的技术升级已经赶上甚至超过国外同类竞争对手。这些家电企业并没有满足争抢国内市场份额，而是有越来越多的家电企业开始走向世界。

第四，由单纯的线下销售，转为线上、线下同步销售。随着互联网销售的崛起，越来越多的家电企业开始将目光转向网络销售。目前，线上销售额已经占到家电企业总销售额相当大的比重。

第五，家电产品技术升级速度明显加快。随着科技不断进步，家电产品的升级步伐不断加速，未来升级速度还将加快。

2. 家居家电行业的竞争态势

作为一个充分竞争的行业，家居家电行业的竞争呈现出以下 3 种态势。

第一，集中度越来越高。随着竞争加剧，一批品牌知名度、美誉度较高的企业，其产品占有了更高的市场份额。比如，在空调领域，格力电器和美的集团占据了较大的市场份额；在洗衣机领域，小天鹅、海尔等占据了较大的市场份额。同时，外资家电品牌仅能维持原有的市场份额，且很难继续扩大。

第二，争相抢占新技术制高点。智能家居以及 5G 技术的应用，使得家电产品出现了新一轮的技术创新热潮。为了适应消费者的需求，这些家电企业势必不断提升技术水平。比较典型的企业如海尔，将上市公司的股票简称都从原来的青岛海尔改成了海尔智家。

第三，在新一轮的家电企业竞争中，越来越多的企业开始倾向提供系统化的家居解决方案，而非单独售卖某一家电产品。

二、家居家电企业投资逻辑

与很多大众消费品相似，在投资家居家电企业或筛选相关投资标的时，投资者应该考虑以下 3 个方面的因素。

第一，与乳制品行业相似，行业龙头仍将获得更多的超额利润，行业内的中小企业则可能徘徊在盈利线的边缘，稍有失误就会出现大幅亏损。这些年来，已经有很多家电龙头陨落，可见业内竞争之残酷。

第二，掌控核心技术或核心竞争优势。站在世界经济一体化角度来看，也许并不需要每家企业都能完整地掌控整个产业链，但中美贸易战让很多自身缺少核心技术和核心竞争优势的企业看清了世界竞争的残酷。没有核心技术或核心竞争优势，就容易成为别人眼中的猎物或靶子。当然，国内家居家电行业的企业，在技术上已经能够与国际巨头一较高下，受贸易战的影响更多体现在关税方面。但不可否认，家电生产中的一些核心零部件，与国际巨头仍然存在差距，需要奋力追赶。

第三，关注行业的天花板。企业的营收规模不可能无限扩张，当企业规模达到一定程度后，不可避免地会减速，甚至出现负增长。有些企业确实出现了发展拐点，有些企业可能仅是自我调整，当调整结束后，未来可能发展得更好。当一些龙头企业发展减速时，应该注意研判其中的原因。

三、家居家电领域的标杆——格力电器

在过去 20 多年里，格力电器几乎成了中国制造的一面旗帜，也是中国股市价值投资的典范。珠海格力电器股份有限公司是一家集研发、生产、销售、服务于一体的专业化空调企业。其主营业务包括生产销售空调器、出口空调器、进出口相关零配件。格力电器连续多年成为空调行业的销售冠军。

1. 基本产品线与盈利构成

格力电器的业务连续多年保持强劲增长，其收入主要来自空调以及其他电器产品的生产和销售。下面来看一下格力电器的产品销售与利润占比情况，如表 6-1 所示。

表 6-1　格力电器的产品及收入构成（2018 年度）

业务名称		营业收入（元）	收入比例	营业成本（元）	成本比例	利润比例	毛利率
按行业	制造业	1 705.92 亿	100.00%	1 124.04 亿	100.00%	100.00%	34.11%
按产品	空调	1 556.82 亿	91.26%	988.90 亿	87.98%	97.60%	36.48%
	其他	80.07 亿	4.69%	75.05 亿	6.68%	0.86%	6.28%
	生活电器	37.94 亿	2.22%	31.02 亿	2.76%	1.19%	18.23%
	智能装备	31.09 亿	1.82%	29.07 亿	2.59%	0.35%	6.48%
按地区	内销–主营业务	1 483.23 亿	86.95%	931.04 亿	82.83%	94.90%	37.23%
	外销–主营业务	222.70 亿	13.05%	193.00 亿	17.17%	5.10%	13.34%

从表中可以看出，在格力电器的整个收入中，空调产品占比非常高，且利润占比更是高达 97.60%。从这一点来看，格力电器似乎还是被称作格力空调更合适。从毛利率构成情况来看，空调产品的毛利率明显高于其他电器产品，说明经过在空调领域多年的发展，格力电器已经享有较高的知名度和美誉度，可以享受一定的品牌溢价。其实，从市场上的空调产品售价可以看出，在国内厂商中，格力电器的空调售价明显高于其他空调厂商的产品。

从收入地区来看，格力电器的收入来源地既有国内市场，也有国外市场，这符合国内顶级家电厂商“走向世界”的大氛围。从国外的销售额来看，格力出口量不算少，但毛利率明显低于国内市场。

总之，从格力电器产品结构和毛利率情况来看，该企业因处于龙头位置，与其他家电厂商相比优势比较明显。

2. 格力电器财务数据分析

先来看一下格力电器前几年的财务与收益数据情况，如表 6-2 所示。

表 6-2　格力电器财务数据

时间	2018	2017	2016	2015	2014
每股收益（元）	4.36	3.72	2.56	2.08	4.71
净利润增长率	16.97%	44.86%	23.39%	–11.46%	30.22%

续 表

时间	2018	2017	2016	2015	2014
营业总收入（亿元）	2 000.24	1 500.02	1 101.13	1 005.64	1 400.05
每股净资产（元）	15.18	10.9	8.95	7.9	14.68
净资产收益率	28.69%	34.15%	28.63%	26.37%	32.06%

从格力电器的财务数据情况来看，可以获得这样 3 个事实。

第一，从净利润增长率来看，最近 5 年，格力电器的净利增速出现一定程度的回落，但均值仍然在 20.8% 左右。其实，这与格力电器所占市场份额很高，距离行业天花板越来越近有关。未来，随着企业规模扩大，企业利润的增长难度将会越来越大。

第二，观察格力电器的营收可知，该公司的营收连续保持上升态势，且在 2018 年突破 2 000 亿元关口。未来，企业的营收规模继续扩张的难度会不断加大，特别是公司目前的核心业务空调产品，还遭遇到了美的集团的强力挑战。

第三，从格力电器的净资产收益率水平来看，该股净资产收益率一直维持在 25% 以上，是一个非常不错的数字。这说明该股属于一个优质的投资标的。

3. 格力电器整体分析

从格力电器的财务报表中还可以看到，截至 2018 年年底，该公司手中的现金余额在 1 100 亿元以上，这是一个非常不错的水平。截至 2018 年年底，该股的资产负债率在 63% 左右，考虑到制造企业的固定资产较多，属于可以接受的范围；应收账款为 77 亿元左右，预收账款为 98 亿元，这是一个比较合理的结构。由此可见，格力电器对销售终端具有较强的控制力。该公司账面确认的商誉资产不多，未来商誉爆雷的可能性很低。不过，格力电器并非毫无隐患。目前，该公司正在推进股改，将会涉及企业控制权的变更，这会给企业的未来增添很多变数。

总之，格力电器的资产质量较高，加上格力电器本身作为空调行业的领军者，可以确认是一个值得投资的标的。

4. 格力电器估值分析

若以 2018 年年底每股收益 4.36 元为基准，并以 10% 的净利润增长率计算，2019 年的每股收益为 4.79 元，2020 年的每股收益为 5.24 元。相应地，考虑到作为行业的领军企业，未来增长存在困难，可以将格力电器的初始估值设定在 20 倍左右，即 95.8 元。若为该股的股价打个 7 折，也应该有 67.06 元左右。

如图 6-1 所示，2019 年年初，随着大盘指数企稳反弹，格力电器的股价出现震荡上扬走势。随后，在 2019 年 4 月 19 日，该股股价创下阶段新高 63.9 元后震荡回调。截至 2019 年 8 月 29 日，该股股价收于 54.78 元。通过前面对该股的估值分析可知，该股股价合理波动范围大致在 67.06 元到 95.8 元之间。此时，该股存在一定的低估。当然，这与当时市场对其股改的结果保持观望态度有关。一旦股改落地，该股股价有望回归合理的估值区域。

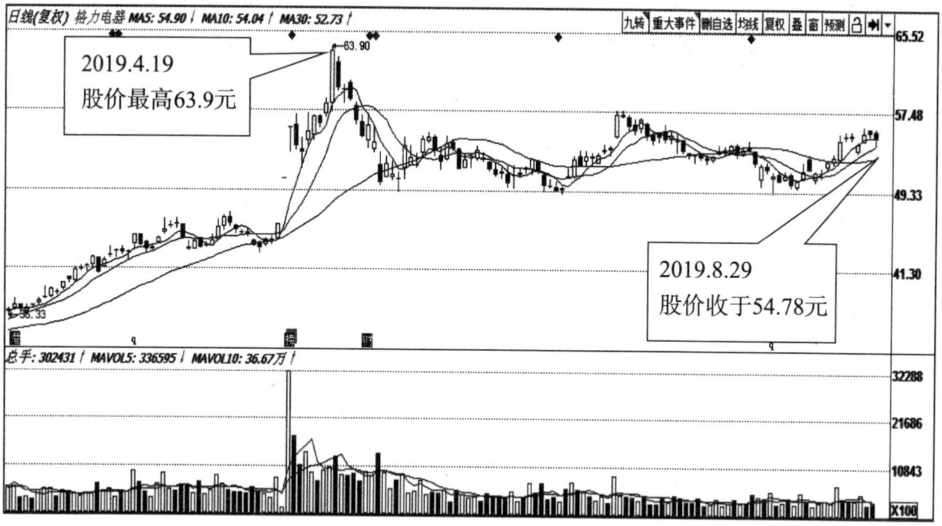

图 6-1 格力电器（000651）日 K 线走势图

四、家居家电领域的标杆——美的集团

美的集团是家电领域的另一家标志性企业。若按照销售额计算，目前，美的集团以及所属各品牌的销售额远远超过了格力电器。

美的集团股份有限公司创建于1968年，是一家以家电制造业为主的大型综合性企业集团，旗下拥有美的电器、小天鹅、威灵控股等3家上市公司（目前3家上市公司已全部整合入美的集团）。美的集团旗下拥有美的、小天鹅、威灵、华凌、安得、正力精工等10余个品牌。

1. 基本产品线与盈利构成

美的集团的业务连续多年保持强劲增长，其收入主要来自消费电器、空调以及机器人及自动化产品的生产和销售。下面来看一下美的集团的产品销售与利润占比情况，如表6-3所示。

表6-3　美的集团的产品及收入构成（2018年度）

业务名称		营业收入（元）	收入比例	营业成本（元）	成本比例	利润比例	毛利率
按行业	制造业	2 380.65亿	100.00%	1 686.56亿	100.00%	100.00%	29.16%
按产品	暖通空调	1 093.95亿	45.95%	758.86亿	44.99%	48.28%	30.63%
	消费电器	1 029.93亿	43.26%	729.59亿	43.26%	43.27%	29.16%
	机器人及自动化系统	256.78亿	10.79%	198.10亿	11.75%	8.45%	22.85%
按地区	国内	1 492.57亿	57.48%	1 036.86亿	55.10%	63.74%	30.53%
	国外	1 104.08亿	42.52%	844.78亿	44.90%	36.26%	23.48%

从表中可以看出，在美的集团的整个收入中，空调产品和消费电器占比都非常高，且利润占比十分相近。从这一点来看，美的集团的空调产品与消费电器，共同撑起了企业的主营业务。特别是美的集团厨房小家电的竞争力比较强，再加上引入了小天鹅，使其在洗衣机领域也占有较大市场份额。

总之，美的集团是一家比格力电器业务范围更广泛的家电生产企业。此外，美的集团还涉足了机器人以及自动化系统，不过这项业务的毛利率明显低于空调和消费电器。

从收入地区来看，美的集团的收入来源地既有国内市场，也有国外市场，且国外市场占比已经达到 42.52%。这种占比结构，一方面说明企业实力较强，走出去的步伐比较大；另一方面说明由于企业出口业务较多，不可避免地会受到贸易摩擦、汇率变动因素的影响，因而投资者必须结合国际形势，全方位分析预判企业的经营情况。例如，有时从表面上看，企业业绩可能出现下滑或减速，但实质上只是汇率波动造成的影响，企业的运营非常健康和理想。

2. 美的集团财务数据分析

先来看一下美的集团近几年的财务与收益数据情况，如表 6-4 所示。

表 6-4　美的集团财务数据

时间	2018	2017	2016	2015	2014
每股收益（元）	3.08	2.66	2.29	2.99	2.49
净利润增长率	17.05%	17.7%	15.56%	20.99%	97.5%
营业总收入（亿元）	2 618.02	2 419.19	1 598.42	1 393.47	1 423.11
每股净资产（元）	12.47	11.24	9.46	11.53	9.36
净资产收益率	25.66%	25.88%	26.88%	29.06%	29.49%

从美的集团的财务数据情况来看，可以获得这样 3 个事实。

第一，从净利润增长率来看，最近几年，美的集团的净利出现一定程度的回落，但总体上仍保持 15% 以上的增速。考虑到该公司的营收规模和所处行业的竞争态势，这一净利润增速已经相当不错了。

第二，观察美的集团的营收可知，该公司的营收连续保持上升态势，且在 2018 年突破 2 500 亿元的关口。未来，企业营收规模再扩张的难度会不断加大。2017 年和 2018 年，企业的营收增速较快，这与企业对小天鹅等控股公司的业务整合有关。也就是说，美的集团的营收扩张并不是全部来自内部营收增长，还有相当大一部分是由于收购相关企业带来的。这种方法从短期来看营收增速较快，但能否形成“1+1>2”的效果，还要看整合之后的一系列运作情况。从目前情况来看，美的集团的整合成效明显，小天鹅仍旧保持了在洗衣机市场的强势地位，而美的集团的空调业务也在接近甚至在某些领域超过格力电器。

第三，从美的集团的净资产收益率水平来看，该股的净资产收益率一直维持在 25% 以上，是一个非常不错的数字。这说明该股属于一个优质的投资标的。

3. 美的集团整体分析

从美的集团的财务报表中还可以看到，截至 2018 年年底，该公司手中的现金余额为 278 亿元以上，相对于一个年营收 2 600 亿元水平的企业而言，该数字只能属于一般水平。截至 2018 年年底，该股的资产负债率在 65% 左右，考虑到制造企业的固定资产较多，也是可以接受的范围；应收账款为 193 亿元左右，预收账款为 167 亿元左右，这是一个相对比较合理的结构。由此可见，美的集团对销售终端具有较强的控制力。该公司的商誉价值高达 267 亿元，这是一个危险的数字，不过这一数字与收购小天鹅等优质资产有关，还是可以接受的。

总之，美的集团的资产质量相对较高，加上美的集团本身作为家电行业的领军者，可以确认是一个值得投资的标的。

4. 美的集团估值分析

若以 2018 年年底每股收益 3.08 元为基准，并以 15% 的净利润增长率计算，2019 年的每股收益为 3.54 元，2020 年的每股收益为 4.07 元。相应地，考虑到作为行业的领军企业，未来增长存在困难，可以将美的集团的初始估值设定在 20 倍左右，即 70.8 元。若为该股的股价打个 7 折，也应该有 49.56 元左右。尽管未来几年美的集团的业绩增长速度可能会高于格力电器，但就资产质量而论，美的集团的资产质量仍不如格力电器，因而在估值时，仍按照与格力电器相同的估值方法确定价格区间。

如图 6-2 所示，2019 年年初，随着大盘指数企稳反弹，美的集团的股价出现震荡上扬走势。随后，在大盘出现回调时，美的集团的股价呈现出了明显的横向震荡整理态势。2019 年 7 月 31 日，该股股价创下 55.66 元的阶段高点后回调。通过前面对该股的估值分析可知，该股股价合理波动范围大致在 49.56 元到 70.8 元之间。目前，该股股价运行于合理估值区间内，且存在一定的上行需求，长线投资者可在股价回调时择机入场建仓。

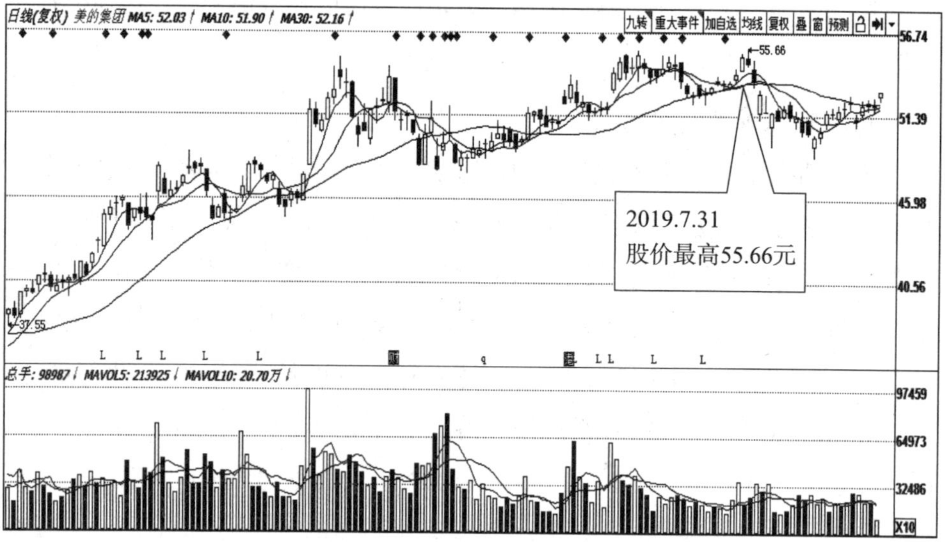

图 6-2　美的集团（000333）日 K 线走势图

五、引领家电领域变革的典范——海尔智家

海尔，是中国制造的一面旗帜。海尔的很多管理方法都被写入了管理教材。海尔智家股份有限公司是一家电器类公司，公司主要从事电冰箱、空调器、电冰柜、洗衣机、热水器、洗碗机、燃气灶等家电及相关产品的生产经营，以及日日顺商业流通业务。海尔品牌是中国最具价值的品牌之一。

1. 基本产品线与盈利构成

海尔智家的业务连续多年保持强劲增长，其收入主要来自冰箱、洗衣机、空调等家电的生产和销售。下面来看一下海尔智家的产品销售与利润占比情况，如表 6-5 所示。

表 6-5　海尔智家的产品及收入构成（2018 年度）

业务名称		营业收入（元）	收入比例	营业成本（元）	成本比例	利润比例	毛利率
按产品	电冰箱	543.39 亿	29.78%	378.41 亿	29.11%	31.41%	30.36%
	洗衣机	362.68 亿	19.87%	239.67 亿	18.44%	23.42%	33.92%
	空调	317.73 亿	17.41%	216.95 亿	16.69%	19.19%	31.72%
	渠道综合服务业务及其他	257.62 亿	14.12%	236.52 亿	18.20%	4.02%	8.19%
	厨电	249.51 亿	13.67%	172.23 亿	13.25%	14.71%	30.97%
	热水器	79.24 亿	4.34%	43.11 亿	3.32%	6.88%	45.60%
	装备部品	14.78 亿	0.81%	12.88 亿	0.99%	0.36%	12.87%
按地区	中国大陆地区	1 058.18 亿	57.98%	724.38 亿	55.73%	63.56%	31.54%
	其他国家地区	766.77 亿	42.02%	575.38 亿	44.27%	36.44%	24.96%

从表中可以看出，海尔智家的整个收入构成比较广泛，包含了冰箱、洗衣机和空调等产品，且各类产品的占比较为均衡。从这一点来看，海尔智家的产品线是向着智能家居方向发展的。不过，熟悉海尔历史的投资者应该知道，早些年，海尔的冰箱、洗衣机和空调产品全部都位于各个品类的第一集团，现在空调产品的销售额则比格力和美的少了不少。也就是说，在常规家电领域的竞争中，海尔存在掉队的可能。未来，该企业可能会在智能家居方面发力，以弥补单品产品竞争力不足的状况。

从收入地区来看，海尔智家的收入来源地既有国内市场，也有国外市场，且国外市场的占比已经达到了 42.02%。这种占比结构，会让利润受到贸易战或汇率波动的影响。

2. 海尔智家财务数据分析

先来看一下海尔智家近几年的财务与收益数据情况，如表 6-6 所示。

表 6-6　海尔智家财务数据

时间	2018	2017	2016	2015	2014
每股收益（元）	1.21	1.14	0.83	0.71	1.74
净利润增长率	7.71%	37.01%	17.15%	-19.37%	27.88%
营业总收入（亿元）	1 833.17	1 634.29	1 191.32	897.97	969.30
每股净资产（元）	6.05	5.21	4.32	3.71	7.17
净资产收益率	21%	23.59%	20.41%	16.22%	27.58%

从海尔智家的财务数据情况来看，可以获得这样 3 个事实。

第一，从净利润增长率来看，最近几年，海尔智家的净利出现一定程度的起伏，特别是 2018 年的净利增速只有 7.71%。结合家电巨头整体增速情况可知，目前家电行业趋于饱和，企业的营收增长非常困难，未来有继续走低的可能。

第二，观察海尔智家的营收可知，该公司的营收连续保持上升态势，不过，随着营收规模的扩大，继续增长的困难比较大。其实，通过之前对该企业产品销售占比分析可知，在空调和洗衣机等领域，海尔智家与格力、美的存在一定距离，未来能否有效地消除这种距离，就成为企业营收能否增长的关键。当然，海尔智家发力的智能家居领域可能需要一定的时间来培育。同时，由于海尔智家出口额较高，未来出口能否进一步增加，也是需要持续关注的。

第三，从海尔智家的净资产收益率水平来看，该股的净资产收益率大部分时间都维持在 20% 以上水平，是一个非常不错的数字。这说明该股属于一个优质的投资标的。

3. 海尔智家整体分析

从海尔智家的财务报表中还可以看到，截至 2018 年年底，该公司手中的现金及现金等价物为 390 亿元左右，相对于一个年营收 1 800 亿元水平的企业而言，该数字略好于美的集团。截至 2018 年年底，该股的资产负债率接近 67%，考虑到制造企业的固定资产较多，也是可以接受的范围；应收账款为 104 亿元左右，而预收账款很少，说明海尔智家对终端的控制力有所削弱。该公司的商誉价值高达 211 亿元，这是一个危险的数字。

总之，相对格力和美的而言，海尔智家的资产质量只能属于一般水平。不过，考虑到海尔智家本身作为家电行业的领军者，仍可以确认是一个值得投资的标的。

4. 海尔智家估值分析

若以2018年年底每股收益1.21元为基准，并以7%的净利润增长率计算（2019年中报显示，半年度净利增长率为7.58%），2019年的每股收益为1.29元，2020年的每股收益为1.38元。相应地，考虑到作为行业领军企业，未来增长存在困难，可以将海尔智家的初始估值设定在20倍左右，即25.8元。若为该股股价打个7折，也应该有18.06元左右。

如图6-3所示，2019年年初，随着大盘指数企稳反弹，海尔智家的股价出现震荡上扬走势。随后，该股股价随大盘出现了震荡回调走势。截至2019年8月30日，该股股价收于15.91元。通过前面对该股的估值分析可知，该股股价的合理波动范围大致在18.06元到25.8元之间。也就是说，该股股价仍然存在一定的低估，投资者可考虑逢低入场建仓。

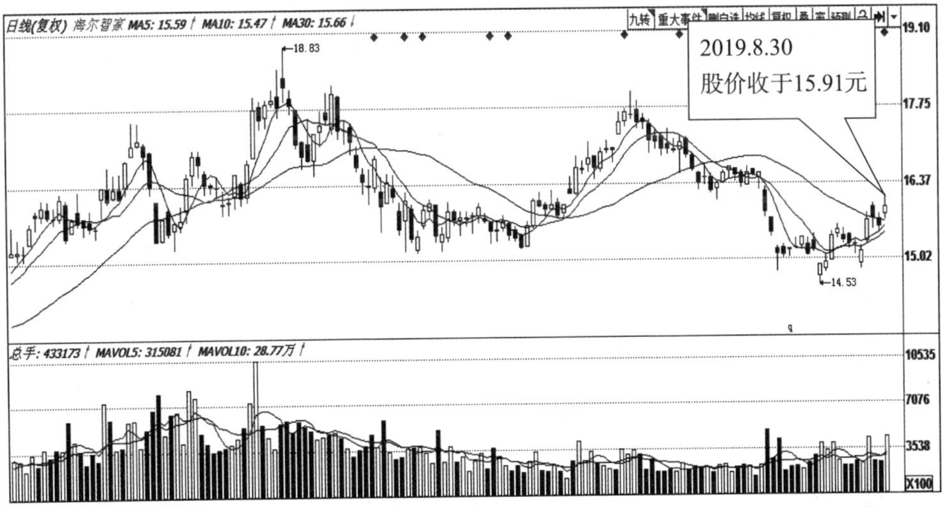

图6-3　海尔智家（600690）日K线走势图

第二节 厨房家电类行业投资逻辑

厨房小家电孕育了一个非常广阔的市场。在这个市场中，涌现出了很多颇具垄断性优势的企业。通常所说的厨房小家电产品，主要有炊具、电饭锅、微波炉、果汁机、豆浆机等。

一、厨房家电行业竞争分析

小家电行业的发展趋势，与国民经济发展基本保持一致。未来，随着居民消费水平的提升，厨房小家电的市场规模还将进一步扩大。

1. 厨房小家电行业的发展态势

厨房小家电行业呈现出了如下 4 个显著的发展态势。

第一，整体上呈现了稳健发展的态势。厨房小家电产品多数属于改善生活品质的产品，随着居民生活水平的提高，厨房小家电产品越来越受欢迎。特别是随着物流网络和电子商务行业的发展，越来越多的消费者倾向于从网上购买小家电产品，使得厨房小家电市场的规模逐渐增加。

第二，由于人口众多，小家电产品的拥有率仍属偏低水平。我国人口众多，且发展不均衡。在厨房小家电领域，同样存在这种状况，即很多家庭拥有一两件厨房小家电产品，无论数量还是品质都有提升和改进的空间。特别是广大的农村地区，更有小家电产品更新换代的需求。

第三，随着电子商务的发展，越来越多的小家电产品通过线上销售的方式到达终端消费者手中。这就改变了原来的层级代理机制，推动小家电厂商进行销售方面的革新。

第四，在功能和设计上，小家电产品推陈出新，新型小家电产品层出不穷。厂商若不能及时跟进，很有可能被市场淘汰。

2. 厨房小家电行业的竞争形势

从整体上来看，厨房小家电行业出现了以下 3 类竞争态势。

第一，由于厨房小家电产品包含了多个细分领域，在很多细分领域都有一家或几家比较有代表性的企业，如九阳的豆浆机、苏泊尔的炊具。同样，存在多个小家电品类的小熊电器专攻线上渠道。从国际小家电行业的竞争态势来看，随着竞争的深入和升级，未来行业集中度有望进一步提升。

第二，健康与时尚成为消费者主要的参考因素。随着需求日趋多样化，小家电产品可望继续细分，高端、健康、环保与时尚的小家电将成为市场的主流。

第三，智能化仍是主战场。随着人工智能的发展，小家电产品将会迎来智能化发展的浪潮，一大批应用人工智能产品将会问世。

二、厨房家电企业投资逻辑

厨房小家电行业，与整个家电行业的情况相似，在选择投资标的时，应该遵循如下 3 个原则。

第一，优先选择那些在细分行业中建立了较大优势地位的企业。由于国内市场十分广大，细分领域也拥有可观的市场容量，因此，细分领域的龙头或垄断者就是优先选择的对象。经过多年的耕耘，苏泊尔在炊具领域特别是电锅领域优势比较明显，九阳股份在豆浆机领域的优势较大，小熊电器则独辟蹊径，在电商领域发力。

第二，关注持续推动创新的小家电产品。由于消费者的需求多样化，小家电生产厂商必须及时捕捉市场热点，甚至引领市场潮流，才能不被淘汰。那些长期以来坚持创新，坚持追赶潮流的企业，更容易在竞争中胜出。

第三，与常规家电产品不同，小家电产品生产企业中，有一些属于中小企业。这些企业在面对大型企业的竞争时，获胜的唯一方法就是以更快的速度发展，即以速度抗击规模。在选择投资标的企业时，若没有行业垄断优势的企业可选，可选择那些发展速度非常快的企业。

三、厨房家电的代表企业——苏泊尔

苏泊尔是厨房小家电企业中非常具有代表性的一家。浙江苏泊尔股份有限公司是一家主要从事厨房炊具和厨卫小家电、大家电、健康家电研发、制造和销售的企业，主要产品有电锅、套装锅和炒锅等。

1. 基本产品线与盈利构成

苏泊尔的业务连续多年保持强劲增长，其收入主要来自厨房电器、炊具产品的生产和销售。下面来看一下苏泊尔的产品销售与利润占比情况，如表6-7所示。

表6-7 苏泊尔的产品及收入构成（2018年度）

业务名称		营业收入（元）	收入比例	营业成本（元）	成本比例	利润比例	毛利率
按行业	电器产品	125.54亿	70.92%	90.93亿	74.53%	62.91%	27.57%
	炊具产品	70.80亿	40.00%	50.52亿	41.41%	36.86%	28.64%
	橡塑产品	1.71亿	0.97%	1.57亿	1.29%	0.25%	7.95%
	分部间抵销	–21.03亿	–11.88%	–21.02亿	–17.23%	–0.02%	—
按产品	其他	136.10亿	76.24%	—	—	—	—
	电锅类	42.41亿	23.76%	30.10亿	100.00%	100.00%	29.03%
按地区	境内	150.57亿	85.05%	104.22亿	85.42%	84.25%	30.78%
	境外	47.49亿	26.83%	38.81亿	31.81%	15.77%	18.27%
	分部间抵销	–21.03亿	–11.88%	–21.02亿	–17.23%	–0.02%	—

从表中可以看出，在苏泊尔的整个收入中，炊具产品特别是电锅类产品占比非常高，不过毛利率相对较低，其中炊具产品的毛利率只有28.64%。从这一点来看，苏泊尔似乎应该开发毛利率更高的炊具产品。当然，苏泊尔毛利率走低的原因，与国内厨房电器行业惨烈的价格战有关。为了抢占市场份额，各家企业不得不通过低价的方式赢得市场。从这一点上来看，要想从竞争中获胜，厨房小家电企业必须有良好的成本控制能力。

从收入地区来看，苏泊尔的收入来源地既有国内市场，也有国外市场，这符合国内顶级家电厂商“走向世界”的大氛围。但苏泊尔境外产品的毛利率更是低得可怜，只有 18.27%。未来，企业必须走向高端。只有在高端厨具市场占有一席之地，才能赢得可观的利润。

2. 苏泊尔财务数据分析

先来看一下苏泊尔近几年的财务与收益数据情况，如表 6-8 所示。

表 6-8　苏泊尔财务数据

时间	2018	2017	2016	2015	2014
每股收益（元）	2.04	1.6	1.71	1.42	1.09
净利润增长率	25.91%	23.1%	21.19%	28.86%	17.23%
营业总收入（亿元）	178.51	145.42	119.47	109.1	95.35
每股净资产（元）	7.19	6.33	7.19	6.99	5.98
净资产收益率	28.84%	26.87%	22.79%	21.9%	19.63%

从苏泊尔的财务数据情况来看，可以获得这样 3 个事实。

第一，从净利润增长率来看，最近几年，苏泊尔的净利水平比较稳健，大部分时间保持在 20% 以上的水平，且还有上升趋势。通过前面对该企业毛利率的分析可知，厨房小家电产品的毛利率非常低，苏泊尔却仍能保持强劲的净利增长率，说明该企业控制成本的能力非常强。

第二，观察苏泊尔的营收可知，该公司的营收连续保持上升态势，且在 2018 年达到 178.51 亿元的水平。对比之前家电企业的营收可知，该企业的营收水平还有很大的提升空间。

第三，从苏泊尔的净资产收益率水平来看，该股的净资产收益率大都维持在 20% 以上，特别是最近几年都在 25% 以上，是一个不错的数字。这说明该股属于一个优质投资标的。

3. 苏泊尔整体分析

从苏泊尔的财务报表中还可以看到，截至 2018 年年底，该公司手中的现金余额为 14 亿元左右，相对于一个 178 亿元营收的企业而言，该数字仅为一般水平。截至2018年年底，该股的资产负债率在44%左右，考虑到制造企业的固定资产较多，也是可以接受的范围；应收账款为17亿元左右，预收账款为12亿元，这是一个比较合理的结构。该公司账面确认的商誉资产很少，未来商誉爆雷的可能性很低。

总之，苏泊尔的资产质量尚可，加上苏泊尔本身作为厨房电器行业的领军者，可以确认是一个值得投资的标的。

4. 苏泊尔估值分析

若以2018年年底每股收益2.04元为基准，并以15%的净利润增长率计算，2019年的每股收益为2.34元，2020年的每股收益为2.7元。相应地，考虑到作为行业的领军企业，未来增长存在困难，可以将苏泊尔的初始估值设定在20倍左右，即46.8元。若为该股的股价打个7折，也应该有32.76元左右。

如图6-4所示，2019年年初，随着大盘指数企稳反弹，苏泊尔的股价出现震荡上扬走势。随后，在2019年4月19日，该股股价创下阶段新高81.57元后震荡回调。截至2019年9月3日，该股股价收于71.52元。结合之前对该股的估值可知，该股股价合理波动范围大致在32.76元到46.8元之间，此时该股股价存在一定的高估，当然，这与整个市场对行业龙头的推崇有关。

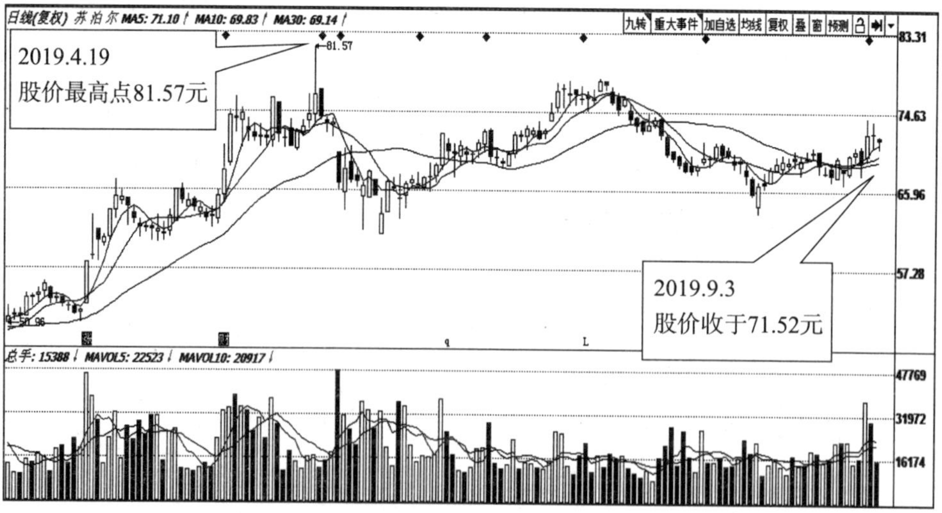

图6-4　苏泊尔（002032）日K线走势图

四、豆浆机领域的霸主——九阳股份

九阳股份也是厨房小家电领域中的一个代表，不过，九阳股份让消费者开始熟悉，更多地是因为其代表产品——九阳豆浆机。目前，九阳豆浆机在豆浆机市场占据绝对的垄断性地位，是当仁不让的第一品牌。

九阳股份有限公司主要从事厨房小家电系列产品的研发、生产和销售。主要产品涵盖豆浆机、料理机、电饭煲、电炖锅、面条机、原汁机、电压力煲、电磁炉、开水煲、净水机、洗碗机、炒菜机、烤箱、油烟机、燃气灶等20余个品类，300多个型号。

1. 基本产品线与盈利构成

九阳股份的业务连续多年保持强劲增长，其收入主要来自食品加工机系列、营养煲系列以及西式电器系列产品的生产和销售。下面来看一下九阳股份的产品销售与利润占比情况，如表6-9所示。

表6-9　九阳股份的产品及收入构成（2018年度）

业务名称		营业收入（元）	收入比例	营业成本（元）	成本比例	利润比例	毛利率
按行业	家电行业	80.81亿	100.00%	54.82亿	100.00%	100.00%	32.16%
按产品	食品加工机系列	34.08亿	42.18%	20.79亿	43.02%	55.59%	39.01%
	营养煲系列	27.40亿	33.90%	20.26亿	41.93%	29.84%	26.05%
	西式电器系列	10.75亿	13.31%	7.27亿	15.04%	14.57%	32.40%
	电磁炉系列	6.61亿	8.18%	—	—	—	—
	其他产品	1.97亿	2.44%	—	—	—	—
按地区	境内销售	77.96亿	96.46%	52.21亿	95.25%	99.03%	33.02%
	境外销售	2.86亿	3.54%	2.61亿	4.75%	0.97%	8.79%

从表中可以看出，在九阳股份的整个收入中，食品加工机系列特别是豆浆机类产品占比非常高，且毛利率水平相对较高，达到了39.01%，整个企业的毛利率达到了32.16%。结合前面所提的苏泊尔可知，在厨房小家电领域，

九阳股份的毛利率水平是比较高的。

从收入地区来看，九阳股份的收入来源地既有国内市场，也有国外市场，不过，国外销售占比相对较低，且毛利率水平非常低。九阳股份的毛利率水平走高，与企业开发的一系列创新型厨房小家电产品有关。可以这样说，九阳股份未来的成长性与其新开发的厨房小家电产品密切相关，投资者可以多了解一些九阳股份新产品的开发情况。

2. 九阳股份财务数据分析

先来看一下九阳股份近几年的财务与收益数据情况，如表 6-10 所示。

表 6-10　九阳股份财务数据

时间	2018	2017	2016	2015	2014
每股收益（元）	0.99	0.9	0.91	0.81	0.7
净利润增长率	9.48%	–1.26%	12.53%	16.62%	13.19%
营业总收入（亿元）	81.69	72.48	73.15	70.6	59.44
每股净资产（元）	4.96	4.66	4.49	4.27	4.03
净资产收益率	20.7%	18.4%	21.36%	19.72%	17.79%

从九阳股份的财务数据情况来看，可以获得这样 3 个事实。

第一，从净利润增长率来看，最近几年，九阳股份的净利水平增长势头有减弱的趋势，这与整个大环境不理想和厨房小家电行业竞争过于激烈有关。

第二，观察九阳股份的营收可知，该公司营收尽管保持了上升态势，但整体上来看增速不高，说明企业面对的竞争日趋激烈，未来继续放大的难度越来越大。

第三，从九阳股份的净资产收益率水平来看，该股的净资产收益率一直维持在 20% 左右，是一个不错的数字。这说明该股属于一个优质投资标的。

3. 九阳股份整体分析

从九阳股份的财务报表中还可以看到，截至 2018 年年底，该公司手中的现金余额为 10 亿元左右，相对于一个 81 亿元营收的企业而言，是一个不错的数字。截至 2018 年年底，该股的资产负债率在 42.5% 左右，考虑到制造企业的固定资产较多，这是一个不错的水平；应收账款为 1.7 亿元左右，预收账款为 5.39 亿元，这是一个相对比较合理的结构。

总之，九阳股份的资产质量尚可，加上九阳股份本身作为豆浆机行业的领军者，可以确认是一个值得投资的标的。

4. 九阳股份估值分析

若以 2018 年年底每股收益 0.99 元为基准，并以 8% 的净利润增长率计算，2019 年的每股收益为 1.07 元，2020 年的每股收益为 1.15 元。相应地，考虑到作为行业的领军企业，未来增长存在困难，可以将九阳股份的初始估值设定在 20 倍左右，即 21.4 元。若为该股的股价打个 7 折，也应该有 14.98 元左右。

如图 6-5 所示，2019 年年初，随着大盘指数企稳反弹，九阳股份的股价出现震荡上扬走势。随后，在 2019 年 4 月 8 日，该股股价创下阶段新高 24.76 元后震荡回调。截至 2019 年 9 月 3 日，该股股价收于 23.62 元。结合之前对该股的估值可知，该股股价的合理波动范围大致在 14.98 元到 21.4 元之间，此时该股股价存在一定的高估，当然，这与整个市场对行业龙头的推崇有关。

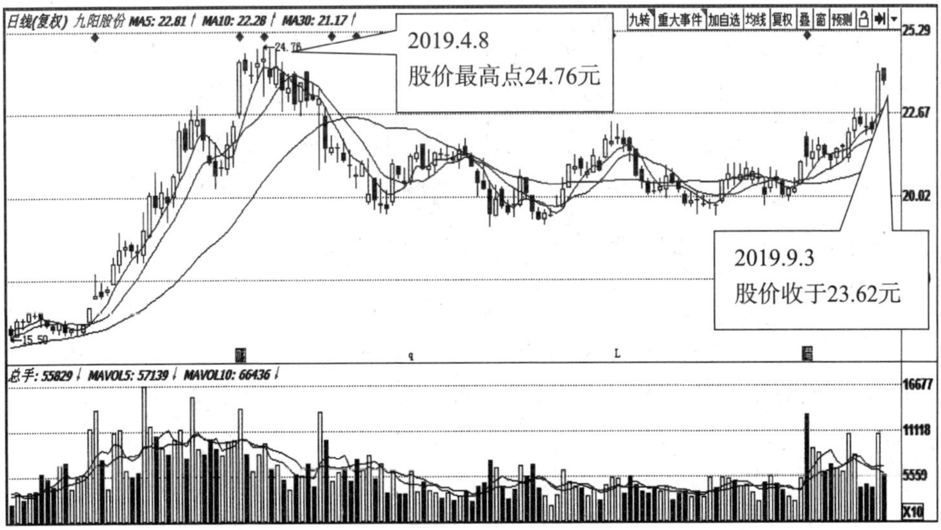

图 6-5　九阳股份（002242）日 K 线走势图

未来，该公司若能在保持豆浆机龙头老大地位基础上加大新型小家电的开发力度，则有望获得更高的估值。

第三节　个人护理家电类行业投资逻辑

从某种意义上说，个人护理家电市场的上升空间是与人们的消费水平相一致的。同时，由于国内消费者对个人护理家电产品的接受程度不高，未来会有很大的发展空间。通常所说的个人护理小家电产品，包括剃须刀、吹风机、电熨斗、挂烫机、剃毛器、电动牙刷等，其中，国内个人护理小家电市场上，只有剃须刀和吹风机市场相对成熟，其他产品的市场还在培育之中。

一、个人护理家电行业竞争分析

个人护理家电行业，尽管与大家电同属家电行业，但因其固有的特点，又与大家电行业存在明显的不同。

1. 个人护理家电行业的特点

个人护理家电行业具有如下 3 个特点。

第一，个人护理家电的使用寿命远远短于大家电产品。通常情况下，大家电产品的使用寿命可以达到 10 年以上，个人护理家电产品的平均使用寿命则只有 5 年，这就使得个人护理家电产品具有快速消费品的属性。

第二，很多个人护理家电产品属于消费升级范畴。同样是对剃须刀的需求，不同时代、不同的消费层次，所需的产品肯定不同。近年来，随着人们收入水平的提升，对个人护理家电的需求日趋升级。

第三，由于个人护理家电的需求并未完全激发，目前，个人护理家电市场的绝大部分份额为剃须刀，其次为电吹风，其他个人护理家电的市场份额仅占 10% 左右。

2. 个人护理家电行业的竞争趋势

个人护理家电行业呈现出如下 4 个显著的竞争趋势。

第一，部分行业集中度开始提升。在剃须刀市场上，国外品牌包括飞利浦、松下，国内品牌包括飞科、超人等。飞利浦、飞科和超人分列剃须刀市场的前3名，其中又以飞利浦和飞科所占的市场份额较高。

第二，国内厂商开始从国外厂商手中争抢高端市场。在高端个人护理家电领域，尽管仍是国外厂商占主导地位，但未来可能像大家电产品一样，国内厂商逐渐从国外厂商手中抢夺市场份额。

第三，广大的农村市场属于待开发领域。随着农村购买力的提升，个人护理家电行业将获得更大的上涨空间。

第四，新品种层出不穷，行业细化将成为不可逆转的趋势。随着消费者需求日趋多样化，功能与用途各异的个人护理家电产品将被发明出来，从而推动个人护理家电行业进一步细化。

二、个人护理家电企业投资逻辑

个人护理家电企业的投资逻辑与厨房家电企业相似，投资者需要遵循以下3个原则。

第一，坚守细分行业的垄断企业。前面曾经说过，目前个人护理家电行业中，剃须刀和电吹风占据了绝大部分的市场份额，其中剃须刀又占据了最多的份额。也就是说，剃须刀行业的领军者肯定需要特别关注。

第二，关注新兴的个人护理家电企业。国内的个人护理行业中，除了剃须刀和电吹风外，还有很多待开发的领域，这就为一些新兴企业提供了广阔的发展空间。投资者需要关注那些专注于解决某一类人或某一类需求的产品的企业。这些企业很多属于新兴企业，可能会在创业板或科创板上市，也可能还没有成功上市。

第三，关注发展迅速的中小企业。个人护理家电领域未来拥有广阔的成长空间，也一定会孕育一批优秀的企业。这些企业很有可能会从大型企业裂变出来，或由中小企业快速发展壮大而产生。

三、剃须刀企业的领军者——飞科电器

飞科电器是为数不多的能够在剃须刀领域从飞利浦等跨国企业手中抢夺到一定高端市场份额的企业。上海飞科电器股份有限公司主营业务为个人护理电器产品的研发、生产和销售，以电动剃须刀和电吹风为主要产品。

1. 基本产品线与盈利构成

飞科电器是目前国内少有的围绕个人护理电器产品做文章的企业，该企业的产品以剃须刀最为知名，近年来也在扩展其他个人护理电器品类。下面来看一下飞科电器的产品销售与利润占比情况，如表 6-11 所示。

表 6-11　飞科电器的产品及收入构成（2018 年度）

业务名称		营业收入（元）	收入比例	营业成本（元）	成本比例	利润比例	毛利率
按行业	小家电	39.68 亿	100.00%	24.21 亿	100.00%	100.00%	38.99%
按产品	电动剃须刀	27.34 亿	68.89%	14.84 亿	61.31%	80.75%	45.71%
	电吹风	6.10 亿	15.38%	4.53 亿	18.72%	10.15%	25.74%
	毛球修剪器	2.30 亿	5.80%	1.80 亿	7.45%	3.23%	21.70%
	电动理发器	2.26 亿	5.70%	1.75 亿	7.23%	3.30%	22.61%
	电熨斗和挂烫饥	6 079.37 万	1.53%	6 028.05 万	2.49%	0.03%	0.84%
	零配件及其他	3 813.12 万	0.96%	2 104.00 万	0.87%	1.10%	44.82%
	鼻毛修剪器	2 560.77 万	0.65%	1 394.04 万	0.58%	0.75%	45.56%
	女士剃毛器	1 437.78 万	0.36%	849.72 万	0.35%	0.38%	40.90%
	加湿器	1 375.49 万	0.35%	1 283.93 万	0.53%	0.06%	6.66%
	烫发器	1 171.81 万	0.30%	853.96 万	0.35%	0.21%	27.12%
	吸尘器	352.23 万	0.09%	313.37 万	0.13%	0.03%	11.03%
按地区	国内销售	39.44 亿	99.39%	24.07 亿	99.43%	99.33%	38.97%
	国外销售	2 430.36 万	0.61%	1 388.06 万	0.57%	0.67%	42.89%

从表中可以看出，在飞科电器的整个收入中，电动剃须刀占据了绝大部分的比重，电吹风紧随其后。其收入分布与目前国内个人护理电器产品的市场份额占比情况基本一致。同时，从毛利率情况来看，电动剃须刀的毛利率达到了 45.71%，这与该公司占有一定的高端市场份额有关，其他个人护理电器的毛利率水平显然低于电动剃须刀。

从企业的发展战略来看，未来该公司可能会加强对其他个人护理电器产品的研发。随着消费者对个人护理电器产品认知程度的提升，市场需求有望进一步放大。

从收入地区来看，飞科电器的收入来源地既有国内市场，也有国外市场，但国外市场的收入占比非常低，几乎可以忽略不计。

2. 飞科电器财务数据分析

先来看一下飞科电器前几年的财务与收益数据情况，如表 6-12 所示。

表 6-12 飞科电器财务数据

时间	2018	2017	2016	2015	2014
每股收益（元）	1.94	1.92	1.46	1.28	0.95
净利润增长率	1.14%	36.22%	22.23%	35.33%	27.58%
营业总收入（亿元）	39.77	38.53	33.64	27.83	24.01
每股净资产（元）	5.97	5.53	4.62	2.82	2.1
净资产收益率	34.46%	34.66%	30.5%	45.43%	45.09%

从飞科电器的财务数据情况来看，可以获得这样 3 个事实。

第一，从净利润增长率来看，经过连续几年的高速增长后，飞科电器的净利润出现了回落迹象。特别是 2018 年，该公司的净利润增长率仅为 1.14%。投资者需要密切关注该公司以后的净利润增长情况，还要重点关注电动剃须刀的销售额能否进一步扩大，毕竟该市场被跨国企业占据了较多的份额，能否进一步抢下市场份额是企业未来发展的关键。当然，若企业不能从外企手中抢下份额，反被国内同行抢走份额，则是一种非常不利的局面。剃须刀的市场情况与之前大不相同，即使在国内市场，也涌现出了较多的后起之秀，例如从属于小米生态系统的须眉科技。

第二，观察飞科电器的营收可知，该公司的营收连续保持上升态势，但2018年的销售额相比2017年增幅十分有限，这预示着企业可能存在主业增长乏力的情况。

第三，从飞科电器的净资产收益率水平来看，该股的净资产收益率一直维持在30%以上，是一个不错的数字。这说明该股属于一个优质投资标的。

3. 飞科电器整体分析

从飞科电器的财务报表中还可以看到，截至2018年年底，该公司手中的现金余额为10亿元左右，相对于一个40亿元营收的企业而言，这个数字还算不错。截至2018年年底，该股的资产负债率不到30%，这也是一个不错的水平。应收账款为5.47亿元左右，预收账款仅为2 000万元左右。尽管这可能与企业的经营模式有关，但相对于预收账款，应收账款还是太高了，公司的经营发展存在一定的危险。同时，该公司的年度销售费用高达3.47亿元，而研发费用仅为5 000多万元，这可能导致企业在新品研发方面储备不足。

总之，作为国内电动剃须刀行业的领军企业，飞科电器具有不错的发展空间，具有较佳的投资价值，同时也存在一定隐患。

4. 飞科电器估值分析

飞科电器的估值可能与其他消费类股票不同，以2018年年底每股收益1.94元为基准计算，若2019年该股的净利润增长率为 –10%（截至2019年半年报，该股的半年净利润同比下滑15.43%），则2019年的每股收益大约为1.75元；若2020年的每股净利润增长率为10%，则2020年的每股收益为1.93元。按照平均20倍市盈率计算，估值大约为35元左右；若打个7折，大约为24.5元。

如图6-6所示，2019年年初，随着大盘指数企稳反弹，飞科电器的股价出现震荡上扬走势。随后，在2019年3月28日，该股股价创下阶段新高48.79元后震荡回调。截至2019年9月11日，该股股价收于37.11元。结合之前对该股的估值可知，该股股价的合理波动范围大致在24.5元到35元之间，此时该股股价运行于合理估值的上方。当然，该股的估值是建立在营收和净利润增长率下滑的前提之下的，未来，若该公司的营收水平恢复，则估值也会相应上调。

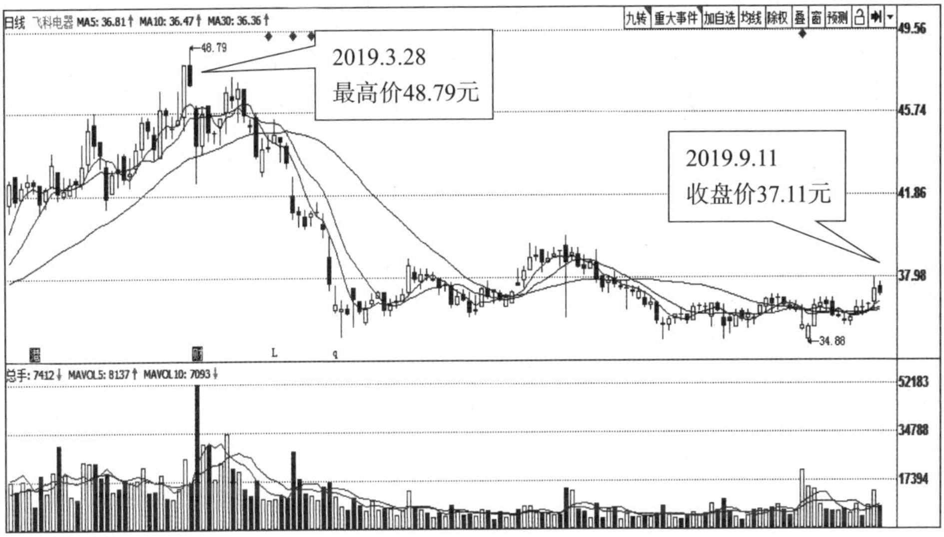

图 6-6　飞科电器（603868）日 K 线走势图

第四节　3C 数码家电产品类行业投资逻辑

通常所说的 3C 家电产品包括计算机产品、通信产品和家庭消费类电子产品等。3C 产品包括了消费者最常使用的手机、电脑、数码相机等产品。

一、3C 数码小家电产品行业竞争分析

3C 数码小家电行业属于一种特殊的家电品类，其固有的特点使其与家电行业有着明显的不同。

1. 3C 数码小家电行业的特点

3C 数码小家电行业具有如下 4 个特点。

第一，产品更新换代速度快，新产品层出不穷。很多先前在市场上占据

主导地位的厂商，因为未能跟上市场需求的步伐而被淘汰。

第二，很多3C数码小家电都可以看成快速消费品范畴。例如，一部手机的平均使用时间也就在2年左右，电脑的使用寿命也就略高于5年。近几年来，消费者更换产品的速度明显加快。

第三，厂商通过创新产品功能，培育忠实粉丝。很多知名厂商通过推出与企业文化相符的创新型产品以赢得忠诚客户，并尝试建立庞大的粉丝群。例如，小米手机的互联网营销，以及庞大的“苹果粉丝”，都保证了企业新品的销量。

第四，由于我国农村市场十分广阔，仍然有改善或更新3C数码小家电产品的需求。未来，随着农民收入水平的提升，市场需求还将进一步被激发。

2. 3C数码小家电行业的竞争趋势

3C数码小家电行业呈现出如下4个显著的竞争趋势。

第一，个别品类以创新赢得生存空间，另外一些品类则几乎遇到了生存危机，比较典型的品类如数码相机行业。曾几何时，非常火爆的数码相机行业，近年来有被手机取代的趋势。随着越来越多的手机厂商强化拍照功能，使得数码相机的功能基本被手机取代。

第二，消费者常用的3C数码家电产品中的手机、电脑等产品，其竞争日趋白热化。大量中低端产品的生产厂商很难盈利，只有行业中少数几家能通过产品创新获得丰厚收益，如华为、苹果、三星等。

第三，品类细分趋势日益明显。一些黑科技和更具创新性的小型数码产品，更容易获得消费者青睐。

第四，传统品类的3C数码小家电产品走向了智能化升级之路。传统的手机、电脑等消费类电子产品智能化趋势非常明显。

二、3C数码家电企业投资逻辑

3C数码家电企业，与大多数家电企业和消费类企业相似但又有不同，选择3C家电企业作为投资标的时，需要遵循如下4个原则。

第一，没有永远的霸主，只有永远的创新企业。回顾3C数码小家电企业的发展史可以发现，曾经很多霸主型企业都在新型创新企业冲击下丢掉了霸主宝座，有些昔日的霸主甚至走到了破产或被收购的边缘。在选择行业内的龙头企业时，一定要谨慎评估该企业的核心竞争力，以及其可能占据行业龙头位置的时间。也就是说，如果一家企业可能在未来5年到10年没有挑战者出现，那么就可以确认其龙头地位。若其核心产品被替代或超越，则需果断调整投资策略，适时调仓换股。

第二，关注新兴的科技企业或产品，特别是一些黑科技或能够满足一部分小众群体需求的产品。这些看似小的创新或创意产品，可能影响到未来产品发展的大方向。比如智能穿戴设备领域，就可能孕育一些新兴的小企业。

第三，关注发展迅速的中小企业。3C数码小家电领域未来拥有广阔的成长空间，也一定会孕育一批优秀的企业。这些企业很有可能会从大型企业裂变出来，或由中小企业快速发展壮大而成。目前，腾讯、百度、阿里巴巴和京东等大型互联网企业在3C数码小家电领域都有大量投资，其中有一些小企业经过几年的培育后有可能上市，投资者可保持适当的关注。

第四，与新技术融合的领域必然会诞生一批新的优质投资标的。例如，5G技术的普及将会深刻影响人们的生活，在5G领域布局较早且拥有较为完善技术的企业，必然会成为获利的企业。当然，目前国内的5G手机行业标杆企业华为并未上市，投资者只能退而求其次，选择一些华为产业链中的企业，或者与华为业务模式相近的企业。

三、3C数码家电企业投资标的——小米集团

小米集团几乎可以定义为新型3C数码小家电企业的代表。该公司是一家与传统的3C数码家电企业完全不同模式孕育而出的企业，特别是其独特的营销模式，曾经引起很多竞争者学习和效仿。

小米集团成立的时间并不长，这家成立于2010年的企业，专注于智能硬件和电子产品的研发。同时，这也是一家专注于高端智能手机、互联网电视以及智能家居生态链建设的创新型科技企业。小米公司创造了用互联网模

式开发手机操作系统、发烧友参与开发改进的模式。小米与华为相似，构建了一个依附于小米集团的生态产业链。目前，这个产业链还在不停地孕育其他更具创新型的企业。

目前，小米集团在香港股票交易所上市交易。由于小米集团同股不同权，暂时并不在港股通范畴内，但未来随着规则的调整，小米集团很有可能会进入港股通名单。这样，投资者就可以借助港股通投资小米集团的股票了。

1. 基本产品线与盈利构成

下面看一下小米集团的产品销售与利润占比情况，如表 6-13 所示。

表 6-13　小米集团产品营收及占比（2018 年度）

业务名称		营业收入（元）	占比（%）
按产品划分	智能手机	1 138 亿	65.06%
	生活消费产品	438.17 亿	25.05%
	互联网服务	195.56 亿	9.12%
	其他	13.43 亿	0.77%
按产品划分	中国大陆	1 049.45 亿	60%
	全球其他地区	699.71 亿	40%

从表中可以看出，在小米集团的整个收入中，智能手机和生活消费产品占比较高，合计占整个收入的 90% 以上，这与大家对小米集团的认知基本相符，毕竟大多数人认识小米集团都是通过小米手机开始的。不过，生活消费产品板块也是需要密切关注的一个领域，在这一板块内，小米集团可能开发一些新的更具创新性的产品。若出现一两款爆款产品，可能会为企业带来非常可观的收益。当然，相对于小米集团的体量，有时这些新品的销售额可能难以被察觉，但任何事情都有从量变到质变的过程。其中，比较有代表性的产品（包括小米电视和小米手环）都带来了较多营收。大家有理由相信，未来会有新的爆款产品出现。

从收入地区来看，小米集团的收入来源地既有国内市场，也有国外市场，且国外市场的占比达到了40%。这种占比结构说明，小米集团比国内的大多数家电企业更具国际化。当然，小米集团受到的国际贸易争端和汇率波动影响也很大。

其实，如果将时间拉长来看，小米手机产品的增长因受同业竞争的影响出现收入放缓的情况，这是需要警惕的一件事。同时，手机产品的毛利率水平同步出现下滑，这与手机行业的大环境相一致。

2. 小米集团财务数据分析

先来看一下小米集团前几年的财务与收益数据情况，如表6-14所示。

表6-14 小米集团财务数据

时间	2018	2017	2016	2015	2014
每股收益（元）	0.84	-4.49	0.06	-0.78	—
净利润增长率	130.93%	-8 021%	15.56%	—	—
营业总收入（亿元）	1 749.15	1 146.25	684.34	668.11	—
每股净资产（元）	3.02	-6.30	-4.56	-4.29	—
净资产收益率	19%	34.43%	-0.6%	8.74%	—

从小米集团的财务数据情况来看，可以获得这样3个事实。

第一，从小米集团的基本财务数据来看，该公司的净利润波动较为剧烈，而且在上市后的几年里，多次出现较大规模的亏损，这也是该公司无法在沪深两市上市的原因。特别是小米集团上市时，沪深市场上还没有科创板块。应用之前的净利润分析方法，可能难以准确地对小米集团的股票进行估值，毕竟净利润波动过于剧烈。

第二，观察小米集团的营收可知，该公司的营收连续保持上升态势。其实，这也是分析这类快速上升期企业的一个非常重要的指标。当企业的营收规模处于快速增长期时，净利润水平出现一些波动甚至亏损，也是可以接受的。

第三，从小米集团的净资产收益率水平来看，该股的净资产收益率一直不高，这与该企业的净利润水平波动较大有关。总之，仅从财务数据来看，很难判断这家企业的投资价值。

3. 小米集团整体分析

从小米集团的财务报表中还可以看到，截至 2018 年年底，该公司手中的现金余额为 300 亿元以上，相对于一个年营收 1 700 亿元水平的企业而言，该数字属于比较理想的水平。截至 2018 年年底，该股的资产负债率在 51% 左右，考虑到制造企业的固定资产较多，也是可以接受的范围。应收账款为 56 亿元左右，应付账款高达 462.9 亿元左右，这一应付款额度远高于手中的现金存量，属于超过警戒线的水平。

总体上来看，小米集团的资产质量水平一般，且存在一定的隐患。当然，这与小米集团的业务形式与其他公司不同有关。

4. 小米集团估值分析

小米集团的估值与其他企业完全不同，鉴于难以准确预估企业的净利润水平，可以考虑使用市销率估值法。小米集团 2018 年的营收为 1 749.15 亿元。截至 2019 年年中，小米集团的股份总数为 239.81 亿股。若以 2 倍市销率（通常情况下，国内上市企业的市销率都比较高，国外的企业相对较低，美国股市上市公司的平均市销率为 1.7 倍，互联网企业则相对较高，有的高达十几倍。小米作为依托互联网起家的制造企业，假定 2 倍的市销率相对比较合理。当然，投资者也可根据个人投资风险偏好，适当地调低或调高。）为基准，预计小米集团 2019 年的营收总额将会接近 2 000 亿元，对应 239.81 亿股，则每股股价 =（2 000*2）/239.81 ≈ 16.68（元）。

将 16.68 元股价折合为港币，约为 18.5 港币。也就是说，2019 年年底，若小米集团的营收规模突破 2 000 亿元，那么其合理估值应该在 18.5 港币左右。若打个 7 折，仍有 12.95 港币。

如图 6-7 所示，2019 年年初，小米国际的港股股价出现一波上升走势，其后随着大市走弱出现了震荡下跌走势。到了 2019 年 8 月下旬，该股股价下跌至 8.2 港币。随后小米启动股票回购计划，受该消息刺激，股价出现震荡反弹走势。到了 2019 年 9 月 13 日，该股股价回升至 9.48 港币左右。前面曾对小米集团的股价进行初步估计，按照营收规模计算，股价大约在 12.95

港币到 18.5 港币之间。也就是说，目前该股股价处于低估区域，可酌情考虑入场建仓该股。

当然，该股的估值是建立在 2019 年年度营收达到 2 000 亿元水平的基础之上的，若无法完成该目标，股价的估值势必要打个折扣。

图 6–7　小米国际（01810）日 K 线走势图

第七章

其他消费品投资研究

从行业划分来看，尽管其他消费品包含的行业众多，但从A股市场来看，这些行业中产生的白马股并不多见，且远远少于前面所列3大行业中产生的白马股数量。本章简单列举几个常见的消费品门类，仅供投资者参考。

第一节　日用化学品行业投资逻辑

日用化学品，是指生产人们在日常生活中需要的化学产品，又简称“日化”。日化用品包括常见的化妆品、洗涤用品、牙膏，以及其他一些产品，诸如火柴、油墨等。

一、日用化学品行业竞争分析

从整个行业来看，日用化学品行业尽管是人们生活中不可或缺的一个重要行业，却是一个受到国际竞争影响最大的行业。

1. 日用化学品行业的竞争态势

总体来看，日用化学品行业的竞争呈现如下3个显著特点。

第一，国际巨头占据大部分市场份额。谈及日化用品，就无法绕开保洁。保洁集团是全球日化领域的霸主企业，在国内市场上，占据诸多细分市场的头名。与国际竞争格局相似，联合利华也占据了相当大的市场份额。同样，欧莱雅占据高端化妆品市场较高的份额。高露洁这家在国际上占据牙膏市场头名的企业，在国内则要让位于黑人牙膏和云南白药牙膏。

第二，受国际日化巨头的打压，国内日化企业发展比较困难。很多曾经的日用化学品明星企业遭遇外资的打压或收购后，已经逐渐淡出市场，如活力 28、小护士等品牌。近年来，很多国内企业试图重振这些品牌，但道路非常艰难。

第三，近年来，随着国内日用化学品行业企业的不断努力，已经重新开启了一波奋力追赶的热潮，并且在很多细分领域开始占据较大的优势。比如，在洗衣液领域，蓝月亮成为当仁不让的第一名，占据了超过 40% 的市场份额；在牙膏领域，云南白药和黑人牙膏的销量都超过了高露洁，等等。

2. 日用化学品行业的发展趋势

随着科技的发展以及消费者对日用化学品认识程度的加深，整个日用化学品行业出现了一些新的趋势，主要表现在如下 4 个方面。

第一，原有的行业霸主地位开始松动。尽管目前保洁、联合利华等企业的霸主地位依然稳固，但在国内市场上，一些新型的日化用品企业确实对它们造成了一定的冲击。比如蓝月亮逐渐在洗衣液市场形成垄断，在一定程度上冲击了保洁等公司在洗衣粉市场的销量，毕竟洗衣液可以取代洗衣粉。

第二，除个别细分行业可能会出现百花齐放外，大多数细分行业经过激烈的竞争，将会重新趋向集中，每个细分行业仅有少数品牌能够杀出重围。

第三，在日化用品行业中，新型科技的应用将会产生很多新的产品或公司，这些新的产品和公司将会冲击原有日化行业的领导者。与此同时，一些原有的日化用品有逐渐被市场淘汰的可能，如含磷洗衣粉、含有有害化学成分的化妆品等。

第四，随着日化用品本土化趋势愈演愈烈，国内日用化工企业将会挑战国际化工巨头在国内的市场份额。特别是近年来消费者对健康、环保的关注，一些汉方、本草类化妆品日益获得消费者青睐。

二、日用化学品企业投资逻辑

日用化学品行业的投资逻辑与其他消费品有所不同，在选择投资标的时，投资者需要考虑如下 5 个因素。

第一，品牌知名度与美誉度是企业长期获利的基础。在日用化学品行业，保洁公司通过强大的多品牌战略抢占了消费者的心智资源，使很多消费者在购买日化用品时，经常选择保洁公司旗下的品牌。其实，国内有些历史较久的日化品牌也被消费者记忆，如上海家化旗下的美加净、六神、佰草集等著名品牌。在筛选投资标的时，投资者要优先筛选拥有著名品牌的企业。

第二，寻找细分行业的垄断品牌。这一投资逻辑适用于所有的消费品板块。市场竞争越激烈，强者的优势就越明显。例如，保洁抢占了多个细分市场的头名，其他竞争者或在别的细分市场寻找机会，或在保洁占据优势的领域屈居次席。目前，在国内市场上，尽管大多数日用化学品市场被外资巨头垄断，但还是有一些企业能够在细分领域抢占头名，如蓝月亮在洗衣液市场占有率超过 40%，立白洗衣粉在洗衣粉市场的占有率接近 25%。

第三，寻找正在崛起的日用化学品新星。随着科技的不断进步与发展，一些新兴技术将会被应用到日化用品领域，投资者要关注新产生的机会。

第四，包括护肤品在内的化妆类日化用品是市场的关注热点，毕竟这类日化用品的毛利率远高于其他日化用品。

第五，持续关注汉方、本草类日用化学品的发展情况。随着对健康、环保的关注，越来越多的消费者开始选择中草药类的洗漱、护肤产品。近些年来，百雀羚的发展势头比较强劲。不过，目前百雀羚并未上市，投资者可以留心其后的发展动向。

三、日用化学品标杆——上海家化

上海家化是一家老牌日用化学品生产企业，主营业务为化妆品、个人护理、家居护理用品的研发、设计、生产、销售及服务。主要产品包括六神、佰草集、汤美星、高夫、美加净、启初、家安、玉泽、双妹。

1. 基本产品线与盈利构成

上海家化是国内历史较为悠久的日化生产企业，生产的产品包括化妆品、洗涤用品、清洁制品、卫生制品、消毒制品等。下面来看一下上海家化的产品销售与利润占比情况，如表 7-1 所示。

表 7-1　上海家化的产品及收入构成（2018 年度）

业务名称		营业收入（元）	收入比例	营业成本（元）	成本比例	利润比例	毛利率
按行业	日化行业	71.29 亿	100.00%	26.50 亿	100.00%	100.00%	62.82%
按产品	个人护理	45.41 亿	63.70%	18.81 亿	70.98%	59.39%	58.58%
	美容护肤	23.55 亿	33.03%	6.45 亿	24.33%	38.18%	72.62%
	家居护理	2.33 亿	3.27%	1.24 亿	4.70%	2.43%	46.62%

从表中可以看出，在上海家化的整个收入中，个人护理产品占据绝大部分比重，美容护肤紧随其后。这与整个日化用品行业的情况一致，即在日化用品行业中，生产与美容有关的产品更容易获得丰厚的收益，从这两项收入的毛利率中可以印证这一判断。美容护肤品的毛利率高达 72.62%，个人护理产品的毛利率高达 58.58%。回顾一下先前介绍的整个消费品板块的毛利率情况可以发现，能够超过这一毛利率水平的企业真的不多。

上海家化旗下的个人护理与护肤品中，六神和美加净护手霜都拥有较高的市场占有率，且在很多消费者心目中具有较高的美誉度。总之，该企业未来的发展就看能否在稳固已有品牌市场占有率的前提下，开发出更多受市场欢迎的新产品。

2. 上海家化财务数据分析

先来看一下上海家化近几年的财务与收益数据情况，如表 7-2 所示。

表 7–2　上海家化财务数据

时间	2018	2017	2016	2015	2014
每股收益（元）	0.81	0.58	0.32	3.31	1.34
净利润增长率	38.63%	93.95%	–90.91%	146.12%	12.22%
营业总收入（亿元）	71.38	64.88	59.62	58.46	53.35
每股净资产（元）	8.66	7.98	7.82	8.5	5.66
净资产收益率	9.68%	7.16%	3.88%	46.5%	26.53%

从上海家化的财务数据情况来看，可以获得这样 3 个事实。

第一，从净利润增长率来看，上海家化的净利润波动较大，特别是 2015 年达到最高峰值后，直接迎来拐点，这跟上海家化解除与日本花王的合作关系有关。2016 年，日本花王与上海家化的合作到期后没有续签，而是选择单干，在一定程度上影响了上海家化当年及之后的营收和净利润水平。其后，由于上海家化要重新理顺经销渠道，经历了一段发展阵痛，近几年来，其净利润水平有逐渐恢复的态势。

第二，观察上海家化的营收可知，该公司的营收连续保持上升态势。尽管 2016 年经历了与日本花王分手的阵痛，但营收仍是上升的，且最近两年有提速的趋势。

第三，从上海家化的净资产收益率水平来看，最近几年，该股的净资产收益率出现了大幅走低的态势。至 2018 年年底，该股的净资产收益率接近 10%，其后有望重新回到 10% 以上。从长远来看，该股仍是一只值得投资的标的。

3. 上海家化整体分析

从上海家化的财务报表中还可以看到，截至 2018 年年底，该公司手中的现金余额为 11 亿元左右，相对于一个 70 多亿元营收的企业而言，这个数字并不理想。截至 2018 年年底，该股的资产负债率接近 43% 左右，这是一个可接受的水平；应收账款为 10.3 亿元左右，预收账款仅为 8 000 万元左右，尽管这可能与企业的经营模式有关，但相对于预收账款，应收账款还是太高了，公司的经营发展存在一定危险。同时，该公司的商誉高达19.38亿元，这也是危险的水平。

从企业品牌发展来看，佰草集的销量仍值得期待；六神沐浴露的市场占有率较高，但扩张似乎遇到了一些瓶颈；美加净护手霜曾一度被公司雪藏，最近又重新回归市场。由于上海家化握有几个市场知名度较高的品牌，未来的发展仍然可以期待。

从企业内部管理情况来看，该公司经历了一段管理层与大股东之间的纠纷，但最近逐渐理顺了管理关系，未来有望重归良性发展的通道。

总之，作为国内日化用品行业的领军企业，上海家化仍具有不错的发展空间，但自身也存在一定的问题，投资者需要密切跟踪企业的运营情况。

4. 上海家化估值分析

上海家化属于正处于估值修复中的股票，目前净利润增长态势较为强劲。以2018年年底每股收益0.81元为基准计算，若2019年该股的净利润增长率为30%（根据2019年半年报，该股的半年净利润同比上升40%），则2019年的每股收益大约为1.05元，2020年的每股收益为1.37元。按照平均20倍市盈率计算，估值大约为21元左右。若考虑到上海家化处于估值修复期，上升势头较猛，可以将估值提升至30倍，即31.5元。

如图7-1所示，2019年年初，随着大盘指数企稳反弹，上海家化的股价出现震荡上扬的走势。随后，在2019年8月22日，该股股价创下阶段新高35.67元后震荡回调。截至2019年9月16日，该股股价收于32.77元。结合之前对该股的估值可知，该股股价合理的波动范围大致在21元到31.5元之间，此时该股股价存在一定的高估。

投资者需要密切关注上海家化的净利润变动情况，若年末净利润增长率高于30%，甚至高于40%，则其原定的估值上限必然要上移；反之，则要下移。

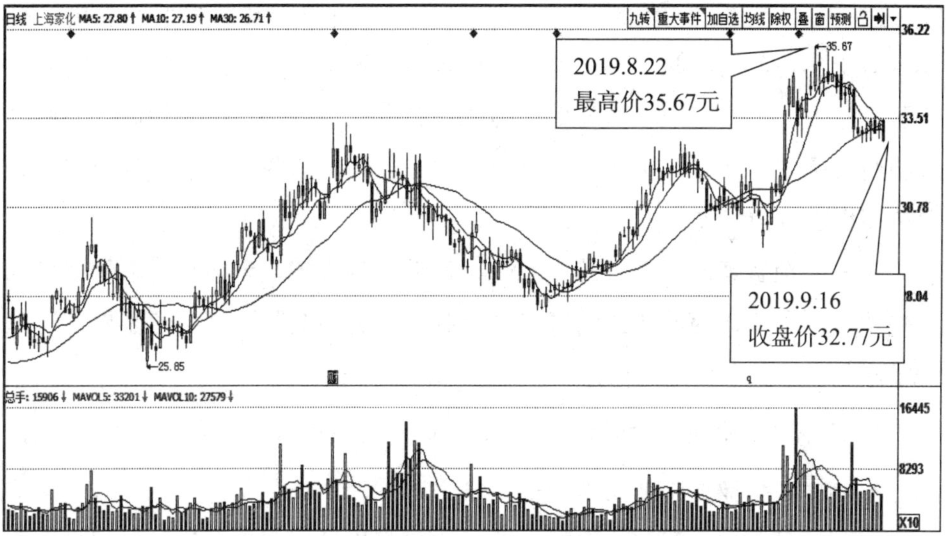

图 7-1 上海家化（600315）日 K 线走势图

第二节 服装类行业投资逻辑

服装是消费者日常生活中不可或缺的一种消费品，但因消费者需求多样化，使得服装行业的竞争趋于白热化。

一、服装行业竞争分析

受纺织服装行业整体景气度下降的影响，服装行业的发展一直不理想，直至最近几年才逐渐走出困境。

1. 服装行业的特征

随着网络销售的普及，服装销售从原有的商场销售、门店销售，开始向网络销售过渡。具体说来，服装行业呈现出如下 3 个特征。

第一，中低端服装开始向线上转移。越来越多的消费者开始倾向于从线上选购服装，所以每年的“双十一”“六一八”等网购节，往往会成为服装销售的旺季。

第二，尽管网络销售的服装越来越多，但高端服装的线下销售仍占据80%以上的份额。这与高端服装的售价较高，消费者更加注重购买体验和导购服务有关。未来，线上销售也很难撬动高端服装市场。正因如此，一些高端服装或定制服装企业仍在坚守直营门店。当然，这些直营门店的分布开始向少而精的方向发展。

第三，消费者的需求日趋多元化，带动了各类满足于小众需求的服装企业的发展。未来，随着科技的进步，定制服装、小众服装将会迎来更加迅猛的发展。

2. 服装行业的竞争态势

整体服装行业面临的竞争态势，包括如下3个方面。

第一，从整体上来看，服装行业开始显露出稳中向好迹象，但到具体的企业层面，很多服装企业仍存在库存较高、营收放缓的问题。

第二，在服装的众多细分行业中，以运动服装、儿童服装、高档女装和男装的利润率较高，但这些细分子行业的市场大部分为外资企业占据。例如，在运动服装领域，尽管李宁、安踏等企业奋起直追，但距离耐克、阿迪达斯、彪马仍有较大的距离。在高档男装领域，海澜之家、雅戈尔等与国际服装巨头的差距十分巨大。

第三，各大服装厂商开始重新调整直营门店数量，优化资源配置。江南布衣、朗姿股份、安正时尚等开始增加直营门店的比重，强化消费者的购买体验。

3. 服装行业的发展趋势

未来，服装行业呈现出如下3个显著的发展趋势。

第一，与国际服装市场相比，国内市场人均服装消费量和市场集中度都比较低，在未来的竞争中，会有少量品牌和实力较为雄厚的服装企业，开始占据绝大多数的市场份额。

第二，大型服装企业走向转型升级之路。也就是说，各类服装企业会结合自身实际情况，选择各自的突破方向，如专注于高端服装、女性服装或高端男装、儿童服装等。

第三，部分服装企业开始满足于小众需求或定制化服装需求。

二、服装行业企业的投资逻辑

由于服装行业存在一些特有的问题，在选择投资标的时，投资者需要关注这样 3 个问题。

第一，强大服装品牌的知名度和美誉度可以为企业带来额外的收益。特别是一些运动服装、高档服装，品牌与收益往往成正比。一家企业的品牌影响力越大，就越能获得额外的收益，比如，皮尔卡丹男装、耐克运动鞋等。

第二，关注企业的自身经营问题。长期以来，服装行业存在两个突出问题：其一为存货居高不下。近年来，尽管库存有走低的趋势，但整体库存水平仍然比较高，投资者尽量选择那些去库存做得比较好的企业。其二为直营门店效率低下。很多企业的发展都经历了疯狂扩充门店以提升销售额，再缩减门店以提升运营效率的阶段。在门店管理方面，有些企业明显优于其他企业，海澜之家就是典型的代表。

第三，关注企业的最终运营绩效。一家企业完全走出困难，最典型的信号就是营收与净利润双双大幅提升。因而，投资者要回归本源，寻找那些营收与净利润重新开始大幅增长的企业。若这类企业的股价仍停留在较低水平，投资效果会更佳。

三、高档男装生产企业——海澜之家

海澜之家最初是以日本优衣库为标杆建立的企业，以“直营加盟店 + 一站式生活馆 + 线上业务”为主要运营模式。海澜之家股份有限公司是一家大型服装企业，业务涵盖品牌服装经营以及高档精纺呢绒、高档西服、职业服装的生产和销售。其中，品牌服装的经营包括品牌管理、供应链管理和营销网络管理等业务。

1. 基本产品线与盈利构成

海澜之家是一家以纺织、服装生产为主要经营业务的企业，生产的产品包括高档精纺呢绒、高档西装、衬衫、职业装等。下面来看一下海澜之家的产品销售与利润占比情况，如表 7-3 所示。

表 7-3 海澜之家的产品及收入构成（2018 年度）

业务名称		营业收入（元）	收入比例	营业成本（元）	成本比例	利润比例	毛利率
按行业	服装	187.39 亿	100.00%	109.53 亿	100.00%	100.00%	41.55%
按产品	裤子	43.66 亿	23.30%	25.07 亿	22.89%	23.87%	42.57%
	其他	25.06 亿	13.37%	16.36 亿	14.93%	11.17%	34.72%
	T 恤衫	24.12 亿	12.87%	13.72 亿	12.53%	13.36%	43.12%
	衬衫	24.00 亿	12.81%	14.51 亿	13.24%	12.20%	39.56%
	羽绒服	23.25 亿	12.41%	13.33 亿	12.17%	12.74%	42.66%
	西服	22.15 亿	11.82%	11.16 亿	10.19%	14.11%	49.62%
	茄克衫	14.22 亿	7.59%	8.64 亿	7.89%	7.17%	39.26%
	针织衫	10.93 亿	5.83%	6.75 亿	6.16%	5.37%	38.25%

从表中可以看出，2018 年，在海澜之家的整个收入中，裤子、T 恤衫、衬衫、羽绒服、西服等产品的销量都超过了 20 亿元。其中，裤子的销售额更是高达 43.66 亿元。从毛利率情况来看，西服的毛利率高达 49.62%，是所有产品中毛利率最高的。总体上来看，海澜之家的产品平均毛利率达到了 41.55%，属于较高水平。

仿照优衣库的服装自选模式，海澜之家在全国建立了大量的连锁服装超市，形成了独特的销售模式。经过多年发展，该企业树立了较强的品牌知名度和影响力。

2. 海澜之家财务数据分析

先来看一下海澜之家近几年的财务与收益数据情况，如表 7-4 所示。

表 7-4　海澜之家财务数据

时间	2018	2017	2016	2015	2014
每股收益（元）	0.77	0.74	0.7	0.66	0.54
净利润增长率	3.78%	6.6%	5.74%	24.35%	75.83%
营业总收入（亿元）	190.9	182	170	158.3	123.38
每股净资产（元）	2.76	2.49	2.24	1.85	1.57
净资产收益率	28.7%	32.51%	34.64%	40.02%	40.63%

从海澜之家的财务数据情况来看，可以获得这样 3 个事实。

第一，从净利润增长率来看，海澜之家的净利润波动较大。特别是自 2016 年开始，净利润增长率开始放缓至个位数，给人一种企业发展遇到瓶颈的感觉。不过，从企业运营模式来看，企业净利润增长率放缓可能与企业门店扩展速度减弱并进行内部整理有关，这与整个纺织服装行业的大环境比较一致。近年来，在纺织服装行业中，大部分企业存在库存高企、门店利润偏低的情况。

第二，观察海澜之家的营收可知，该公司的营收连续保持上升态势。不过，近年来营收增速开始放缓，与净利润增长趋势基本保持一致。

第三，从海澜之家的净资产收益率水平来看，最近几年，随着营收和净利润走低，该股的净资产收益率出现下滑迹象。但即使 2018 年净利润最低，也达到了 28.7%。这说明该股是一只值得投资的绩优股。

3. 海澜之家整体分析

从海澜之家的财务报表中还可以看到，截至 2018 年年底，该公司手中的现金余额为 105 亿元左右，相对于一个不到 200 亿元营收的企业而言，这个数字是非常理想的，当然这与该公司每天都会收回大量现金的运营模式有关。截至 2018 年年底，该股的资产负债率接近 55.75% 左右，这是一个可接受的水平；应收账款为6.85亿元左右，预收账款为13.21亿元，这个数字还算不错。该公司的商誉价值为1.13亿元，这也是一个可接受的水平。不过，在2018年年底，该公司的库存有94.74亿元，这是一个非常危险的水平。从库存变动情况来看，近年来，该公司去库存效果并不理想，库存水平持续走高，可能会给企业的发展带来一定影响。库存高企，未来几年企业的营收和净利润水平可能难以恢复。

最近，海澜之家剥离了女装品牌爱居兔，一方面有利于专注于核心的男装品牌，另一方面剥离亏损资产有利于企业净利润水平的提升。毕竟，海澜之家在行业中拥有较高的知名度和市场占有率，加之男装领域未来的成长空间很大，企业未来的发展空间也很大。当然，受限于纺织服装行业的发展现状，以及企业自身存在的问题，未来营收和净利润增速走高的概率不大。

4. 海澜之家估值分析

海澜之家属于由高速增长开始减速的股票，目前净利润增长开始放缓。以2018年年底每股收益0.77元为基准计算，若2019年该股的净利润增长率为5%（根据2019年半年报，该股的半年净利润同比上升2.87%），则2019年的每股收益大约为0.81元，2020年的每股收益为0.85元。按照消费品行业平均20倍市盈率计算，估值大约为16.2元左右。若考虑到海澜之家属于纺织服装行业（即整体上处于去库存、门店调整期），可将行业估值调整为15倍左右，即12.15元。

如图7-2所示，2019年年初，随着大盘指数企稳反弹，海澜之家的股价出现震荡上扬走势。随后，在2019年3月6日，该股股价创下阶段新高10.38元后震荡回调。截至2019年9月17日，该股股价收于8.52元。结合之前对该股的估值分析可知，该股股价合理波动范围大致在12.15元到16.2元之间，此时该股股价运行于合理估值的下方。股价低于估值，在很大程度上体现了市场对企业高库存和营收放缓的担忧，若未来该企业能够解决这两个问题，股价势必会迎来一波修复走势。

图 7-2　海澜之家（600398）日 K 线走势图

第三节　景点及旅游类行业投资逻辑

随着人们生活水平的不断提高，旅游消费日趋成为消费支出中很重要的一项。景点及旅游类企业逐渐迎来发展的黄金期。景点及旅游消费行业主要涵盖了旅游景点企业（含自然景点、人工景点等）、旅游服务企业（含旅行社、票务公司、旅游服务网站等）以及相关餐饮企业等。

一、景点及旅游行业竞争分析

景点及旅游行业具有一定的行业特殊性，其面临的竞争态势与其他消费品存在明显的不同。

1. 景点及旅游行业的特征

景点及旅游行业的特点包括如下 3 项。

第一，天然景点具有较强的季节性。很多景点在 11 月份左右会进入旅游淡季，次年 4 月之后才会重新进入旅游旺季。这些景点经营企业的收入会出现季节性波动，与这些景点配套的旅游服务机构的收入也会随之波动。与此类似，随着黄金周和小长假的推出，这些节假日往往成为旅游景点以及相关服务企业的收入旺季。因此，在查看这些企业的财务报表时，最好以年度为单位进行分析。

第二，无论是自然景点还是人工景点，只需自身具有特色就可以吸引消费者，在很多时候与其他景点并不具有很强的竞争性，当然，一些相似的人工景点除外。同时，与景点相关的旅游服务机构，彼此之间的竞争相对比较激烈。毕竟，这些机构所能提供的服务差异化较低，因而在旅游服务行业中，价格战以及“黑导游”情况频发。

第三，伴随着消费升级的影响，人们的旅游消费形式逐渐由停留时间较短的观光游、休闲游，过渡到停留时间较长的度假游。

2. 景点及旅游行业的发展趋势

随着消费水平和旅游观念的提升，旅游行业日益显露出如下 5 个趋势。

第一，旅游从小众消费走向大众消费。随着居民收入水平的提升，旅游再也不是少数人可选的休闲方式，而是大多数人都可以享受的休闲活动。根据国务院《关于促进旅游业改革发展的若干意见》，到 2020 年，境内旅游总消费额将达到 5.5 万亿元，城乡居民年人均出游 4.5 次，景点及旅游企业将会迎来一波跨越式发展的黄金期。

第二，旅游景点由单纯的景点发展模式开始向区域资源融合、行业融合方向发展，景点及旅游经营企业日趋多元化。

第三，从团队游占主体，逐渐转为以个人游、家庭游为主流，消费需求日趋多样化，对景点和旅游服务企业的要求更高。

第四，线下旅游与线上旅游服务结合日趋紧密，艺龙网、途牛网等一大批旅游服务网站成为消费者的选择。

第五，旅游服务行业有进一步细分的趋势，从专注于预订宾馆、餐饮、门票到行程规划等服务，应有尽有。

二、景点及旅游企业投资逻辑

在选择景点及旅游企业投资标的时，投资者需要考虑如下 4 个因素。

第一，关注特色与增值服务较为强势的企业。通常情况下，仅靠景点门票收入很难保证景点企业持续发展，只有更多的增值服务才能维持企业的获利能力。比如，九华旅游 1 年光索道缆车的收入就超过 1 亿元，黄山旅游 1 年索道收入更是接近 5 亿元。

第二，对于旅游服务企业而言，行业内部的不公平现象较多，在一定程度上，旅游市场的乱象影响了企业的品牌和信誉。在未来的旅游服务行业中，哪家企业能够受到消费者信赖，就容易获得更多的业务。

第三，很多资本投资旅游产业，并不完全以项目运作盈利为目标，而是综合考虑旅游地产、酒店以及土地增值的收益。在判断这些企业的价值时，要考虑这部分收益。

第四，关注旅游新业态的融合与发展。未来旅游行业可能会与更多的新兴行业融合，这一点需要投资者持续保持关注。

三、旅游服务企业——中国国旅

在旅游服务领域，中国国旅是一面旗帜。中国国旅股份有限公司是一家业务种类最为齐全的大型综合旅行社运营商，集旅游服务及旅游商品相关项目的投资与管理，旅游服务配套设施的开发、改造与经营，旅游产业研究与咨询服务为一体的大型股份制企业。

1. 基本产品线与盈利构成

中国国旅是一家以旅游服务和旅游相关产品开发为主营业务的企业，其具体业务包括入境游、出境游、国内游、票务代理和签证等传统业务，以及旅游电子商务、商务会奖旅游、海洋游船、旅行救援等新兴业务和专项旅游业务；免税业务主要包括烟酒、香烟化妆品等免税商品的批发、零售、品牌代理等业务。下面来看一下中国国旅的产品销售与利润占比情况，如表 7-5 所示。

表 7-5　中国国旅的产品及收入构成（2018 年度）

业务名称		营业收入（元）	收入比例	营业成本（元）	成本比例	利润比例	毛利率
按行业	商品销售业	343.35 亿	73.64%	163.98 亿	59.72%	93.58%	52.24%
	旅游服务业	122.90 亿	26.36%	110.59 亿	40.28%	6.42%	10.01%
按产品	免税商品销售	332.27 亿	71.27%	155.89 亿	56.77%	92.03%	53.09%
	出境游	63.03 亿	13.52%	59.59 亿	21.70%	1.79%	5.45%
	国内游	33.30 亿	7.14%	31.19 亿	11.36%	1.10%	6.33%
	境外签证	11.32 亿	2.43%	8.66 亿	3.15%	1.39%	23.46%
	有税商品销售	11.08 亿	2.38%	8.10 亿	2.95%	1.56%	26.91%
	入境游	6.75 亿	1.45%	6.00 亿	2.19%	0.39%	11.08%
	商旅服务	5.16 亿	1.11%	2.09 亿	0.76%	1.60%	59.44%
	其他业务	3.34 亿	0.72%	3.05 亿	1.11%	0.15%	8.67%

从表中可以看出，2018 年，在中国国旅的整个收入中，旅游相关产品的销售额已经超过了单纯的旅游服务，由此可见，开发与销售旅游相关产品确实是旅行社优先发展的业务。从毛利率情况来看，免税商品销售有高达 53.09% 的毛利，单纯旅游服务业务的毛利率不足 7%。当然，商旅服务的毛利率是所有旅游服务产品中的另类，这类产品的毛利率接近 60%，但占整个收入的比例过小。

2. 中国国旅财务数据分析

先来看一下中国国旅近几年的财务与收益数据情况，如表 7-6 所示。

表 7-6　中国国旅财务数据

时间	2018	2017	2016	2015	2014
每股收益（元）	1.59	1.3	1.85	1.54	1.5
净利润增长率	22.29%	39.96%	20.07%	2.42%	13.57%
营业总收入（亿元）	470.07	282.82	223.9	212.92	199.36
每股净资产（元）	8.32	7.19	12.91	11.45	10.34
净资产收益率	20.56%	19.12%	15.26%	14.15%	15.37%

注：2016 年年报有大比例配股情况。

从中国国旅的财务数据情况来看，可以获得这样3个事实。

第一，从净利润增长率来看，中国国旅的净利润增长率有提速的趋势。这与该公司免税商品盈利能力不断提升有关，未来还将进一步提升。也就是说，在一段时间内，中国国旅的净利润水平得以保持是没有问题的。

第二，观察中国国旅的营收可知，该公司的营收连续保持上升态势。近年来，营收增速明显加快。

第三，从中国国旅的净资产收益率水平来看，最近几年，随着营收和净利润走高，该股的净资产收益率出现了上升迹象。2018年，中国国旅的净资产收益率超过了20%，说明该股是一只非常值得投资的标的。

3. 中国国旅整体分析

从中国国旅的财务报表中还可以看到，截至2018年年底，该公司手中的现金余额为110亿元左右，相对于一个不到470亿元营收的企业而言，这个数字是非常不错的，当然，这与该公司每天都会收回大量现金的运营模式有关。截至2018年年底，该股的资产负债率接近30%左右，是一个非常不错的水平；应收账款为10亿元左右，预收账款为7亿元左右，也是一个不错的水平。截至2018年年底，该公司因合并日上上海免税店，使商誉增加到8.22亿元，这是一个可以接受的水平。总体上来看，该公司的资产质量较佳。

其实，中国国旅最值钱的资产就是手中握有免税店的全国经营牌照，这使得全国所有机场的免税店都由中国国旅经营。从中国国旅营收构成中可以看出，免税店销售收入是中国国旅最核心、最重要的收入，也是最大的利润来源。换句话说，中国国旅未来的营收主要是靠免税店这一板块。免税店是受政策影响很大的一种业务，当前，国家正在大力鼓励消费和旅游，但与国外相比，国内免税店的数量和营业额仍有很大差距。未来，中国免税店将有较长时间的发展期，中国国旅将会成为最大的受益者。

4. 中国国旅估值分析

基于之前对中国国旅的分析，可以认定，中国国旅未来仍将保持较快的增长速度。以2018年年底每股收益1.59元为基准计算，若2019年该股的净利润增长率为 40%（根据 2019 年半年报，该股的半年净利润同比上升 70%），则 2019 年的每股收益大约为 2.23 元；2020 年的净利润增长率仍有望保持 30% 的增速，则其每股收益为 2.89 元。按照消费品行业平均 20 倍市盈率计算，估值大约为 44.6 元左右。若考虑到中国国旅的增速远高于行业平均速度，可考虑将估值提升至 40 倍水平，即 89.2 元。

如图 7-3 所示，2019 年年初，随着大盘指数企稳反弹，中国国旅的股价出现震荡上扬走势。随后，大盘出现一波调整走势，不过，该股股价横向调整一段时间后重新开始上攻，牛股风范尽显。2019 年 8 月 23 日，股价创下阶段新高 96.88 元后出现横向调整。结合之前对该股的估值分析可知，该股股价合理波动范围大致在 44.6 元到 89.2 元之间。此时，该股股价运行于合理估值的上方。股价高于估值，在很大程度上体现了市场对企业价值的认可。但毕竟股价已高，投资者不宜盲目追高，应该考虑等到股价出现回调时再择机入手。

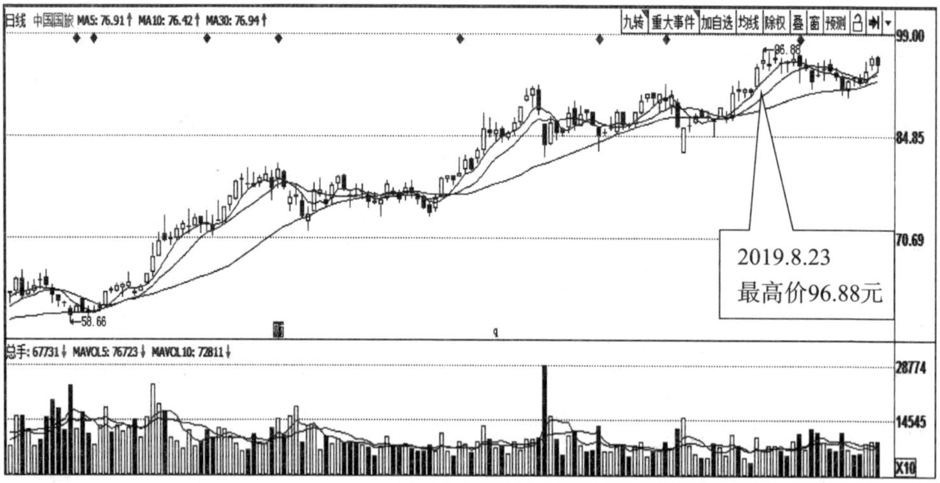

图 7-3　中国国旅（601888）日 K 线走势图